Lílian Sobreira Gonçalves

FUNDA-
MENTOS DE
HARMONIA
E ANÁLISE
MUSICAL

Rua Clara Vendramin, 58 . Mossunguê
CEP 81200-170 . Curitiba . PR . Brasil
Fone: (41) 2106-4170
www.intersaberes.com
editora@intersaberes.com

Conselho editorial
Dr. Alexandre Coutinho Pagliarini
Dr.ª Elena Godoy
Dr. Neri dos Santos
Dr. Ulf Gregor Baranow

Editora-chefe
Lindsay Azambuja

Gerente editorial
Ariadne Nunes Wenger

Assistente editorial
Daniela Viroli Pereira Pinto

Preparação de originais
Palavra Arteira Edição e Revisão de Textos

Edição de texto
Letra & Língua Ltda.
Millefoglie Serviços de Edição
Monique Francis Fagundes Gonçalves

Capa e projeto gráfico
Charles L. da Silva
Daniel Jarosch/Shutterstock (imagem capa)

Diagramação
Cassiano Darela

Equipe de design
Charles L. da Silva
Iná Trigo

Iconografia
Regina Claudia Cruz Prestes
Sandra Lopis da Silveira

Dados Internacionais de Catalogação na Publicação (CIP)
(Câmara Brasileira do Livro, SP, Brasil)

Gonçalves, Lílian Sobreira
   Fundamentos de harmonia e análise musical / Lílian Sobreira Gonçalves. — Curitiba : Editora Intersaberes, 2022. — (Série alma da música)

   Bibliografia.
   ISBN 978-65-5517-210-2

   1. Harmonia (Música) 2. Tonalidade (Música) I. Título II. Série.

22-122109   CDD-781.3

Índices para catálogo sistemático:
1. Harmonia : Música   781.3
      Cibele Maria Dias - Bibliotecária - CRB-8/9427

1ª edição, 2023.

Foi feito o depósito legal.

Informamos que é de inteira responsabilidade da autora a emissão de conceitos.

Nenhuma parte desta publicação poderá ser reproduzida por qualquer meio ou forma sem a prévia autorização da Editora InterSaberes.

A violação dos direitos autorais é crime estabelecido na Lei n. 9.610/1998 e punido pelo art. 184 do Código Penal.

SUMÁRIO

7 Apresentação
10 Como aproveitar ao máximo este livro

Capítulo 1
16 Harmonia musical: desenvolvimento histórico

17 1.1 Pitágoras e o monocórdio
20 1.2 Música e Idade Média
34 1.3 Contraponto e Palestrina
46 1.4 Primórdios da harmonia de Rameau e de Bach
52 1.5 Harmonia na música popular

Capítulo 2
63 Revisão teórica de aspectos da linguagem musical

64 2.1 Intervalos musicais
91 2.2 Escalas maiores
92 2.3 Escalas menores
99 2.4 Tonalidade e armaduras de clave
110 2.5 Ciclo de 5as
110 2.5 Ciclo de 5as

Capítulo 3
118 Formação dos acordes

- 119   3.1   Tríades e tétrades
- 127   3.2   Inversões de acordes
- 133   3.3   Série harmônica
- 137   3.4   Consonância, dissonância e extração de acordes da série harmônica
- 142   3.5   Condução de vozes

Capítulo 4
153 Harmonia e suas funções

- 154   4.1   Tríades sobre os graus das escalas
- 162   4.2   Tétrades diatônicas
- 166   4.3   Escrita cifrada e harmonia
- 172   4.4   Cadências e ritmo harmônico
- 184   4.5   Exemplos de análises harmônicas

Capítulo 5
197 Função dominante e acordes de empréstimo

- 198   5.1   Função dominante e dominantes secundárias
- 211   5.2   Acordes subV e acordes diminutos
- 220   5.3   Diversas alterações em acordes diminutos
- 226   5.5   Harmonizações com empréstimos

Capítulo 6
236 Modulação

237 6.1 Definição
241 6.2 Diferentes modulações
251 6.3 Exemplos de análises harmônicas com modulação
257 6.4 Formas harmônicas presentes na música erudita
265 6.5 Principais formas harmônicas da música popular

275 Considerações finais
278 Referências
283 Bibliografia comentada
286 Respostas
297 Sobre a autora

A Música, de tão perfeita, é pura como a Matemática; a Matemática, de tão simples, é deslumbrante como a Música. A Música parece uma equação; a equação bem formulada é cheia de harmonia e sonoridade.

(Albert Einstein)

APRESENTAÇÃO

Nesta obra, você está convidado a seguir uma jornada fascinante pelo universo da harmonia tonal. Os temas que aqui abordamos são fundamentais para o desenvolvimento de todo aquele que deseja adquirir ou ampliar conhecimentos musicais.

Nosso propósito é auxiliar o estudante de música a compreender os princípios da harmonia tonal, fundamentais para as atividades de composição e arranjo. Contribuirão para isso os exemplos diversos de análises musicais que empreendemos ao longo deste livro, os quais são indispensáveis para a compreensão do discurso musical como um todo.

Inicialmente, no Capítulo 1, apresentamos um contexto histórico traçando uma linha do tempo que vai desde os primeiros estudos de Pitágoras até o início da harmonia tonal, passando brevemente pela música da Idade Média, de Giovanni Pierluigi da Palestrina, de Johann Sebastian Bach, entre outros. Nesse primeiro capítulo, também tratamos da harmonia na música popular.

No Capítulo 2, analisamos os conteúdos básicos da teoria musical, que são imprescindíveis para a construção do conhecimento no campo da harmonia, incluindo intervalos, escalas e tonalidades, além de outros tópicos relevantes.

Já no Capítulo 3, tratamos sobre o alicerce da harmonia tonal: as tríades. Também explicamos os princípios de consonância e de dissonância ao versarmos sobre a série harmônica, um dos fenômenos acústicos mais importantes do sistema tonal.

Tendo as tríades como ponto de partida, no Capítulo 4, tratamos das tétrades diatônicas e das principais cadências utilizadas nas progressões harmônicas. Também evidenciamos a cifragem harmônica, que tem sua origem no baixo contínuo, no período Barroco.

Por sua vez, no Capítulo 5, discorremos sobre a função dominante e suas especificidades. Em seguida, comentamos sobre os acordes que podem ser utilizados como substitutos para essa importante função tonal, bem como o acorde de sétima diminuta, suas ambiguidades, além de possibilidades de utilização em várias tonalidades por meio do uso da enarmonia.

Finalmente, no Capítulo 6, o ponto central é a modulação, com suas definições, diferentes possibilidades e exemplos comentados. Ao final, tratamos das principais formas harmônicas da música erudita e da popular.

O conteúdo deste livro foi organizado em ordem crescente de complexidade. Por isso, é importante que cada capítulo seja bem compreendido antes de se avançar para a leitura dos capítulos seguintes. Ao final de cada capítulo, para checar o conhecimento adquirido, você encontrará atividades de autoavaliação e de aprendizagem.

Recomendamos que o estudo dos capítulos desta obra seja sempre acompanhado por seu instrumento preferido, a fim de que você possa tocar os exemplos e exercícios propostos. Também é relevante que você solfeje cada uma das vozes escritas nas progressões harmônicas. Para que a formação musical seja completa, é muito importante que a percepção auditiva seja trabalhada!

Esperamos que este livro seja uma ferramenta facilitadora para todos aqueles que desejam compreender as bases da música tonal em suas mais variadas manifestações. Os que buscam maior conhecimento musical encontrarão, nesta obra, conteúdos voltados para a aprendizagem de modo crescente e didático.

Boa leitura!

COMO APROVEITAR AO MÁXIMO ESTE LIVRO

Empregamos nesta obra recursos que visam enriquecer seu aprendizado, facilitar a compreensão dos conteúdos e tornar a leitura mais dinâmica. Conheça a seguir cada uma dessas ferramentas e saiba como elas estão distribuídas no decorrer deste livro para bem aproveitá-las.

Primeiras notas

Logo na abertura do capítulo, informamos os temas de estudo e os objetivos de aprendizagem que serão nele abrangidos, fazendo considerações preliminares sobre as temáticas em foco.

Síntese

Ao final de cada capítulo, relacionamos as principais informações nele abordadas a fim de que você avalie as conclusões a que chegou, confirmando-as ou redefinindo-as.

Atividades de autoavaliação

Apresentamos estas questões objetivas para que você verifique o grau de assimilação dos conceitos examinados, motivando-se a progredir em seus estudos.

Atividades de aprendizagem

Aqui apresentamos questões que aproximam conhecimentos teóricos e práticos a fim de que você analise criticamente determinado assunto.

Bibliografia comentada

Nesta seção, comentamos algumas obras de referência para o estudo dos temas examinados ao longo do livro.

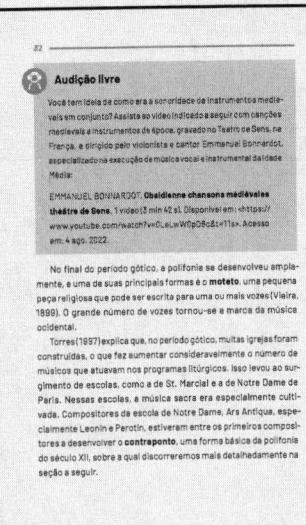

Audição livre

Para ampliar seu repertório e ilustrar temas de estudo em destaque, indicamos nesta seção conteúdos sonoros para apreciação, observação e fruição!

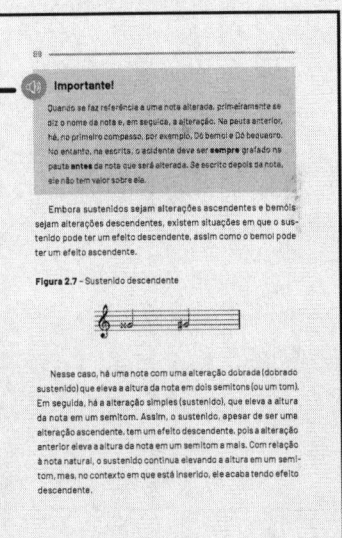

Importante!

Algumas das informações centrais para a compreensão da obra aparecem nesta seção. Aproveite para refletir sobre os conteúdos apresentados.

Curiosidade

Nestes boxes, apresentamos informações complementares e interessantes relacionadas aos assuntos expostos no capítulo.

Exercitando

Sugerimos a leitura de diferentes conteúdos digitais e impressos para que você aprofunde sua aprendizagem e siga buscando conhecimento.

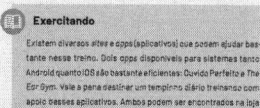

intermediária na tonalidade relativa, com mudanças de caráter e andamento, e a reprise da seção inicial que geralmente era ornamentada pelo cantor".

A maioria dos chorinhos brasileiros está escrita em forma ternária, assim como os minuetos com trio e os scherzos (peças musicais ligeiras e alegres). Assis (2016) aponta a obra Menuetto, de Ignaz Joseph Pleyel (1757-1831), como exemplo de obra ternária.

> **Indicações culturais**
>
> A partitura completa de Menuetto está disponível no link indicado a seguir:
>
> MENUETTO. Disponível em: <http://conquest.imslp.info/files/imglnks/usimg/b/b2/IMSLP230930-WIMA.d111-Pleyel_Menuetto_Moderato-Trio.pdf>. Acesso em: 10 ago. 2022.

6.4.4 Forma binária cíclica

Kostka e Payne (2012) afirmam que, com frequência, pode acontecer de uma forma ternária retornar apenas à metade da primeira seção A – caso que pode ser expresso pela fórmula A B ½ A – configurando o que alguns autores denominam forma binária cíclica. Outros autores a designam como forma binária recorrente. Observe, a seguir, o esquema dessa forma, em que a primeira parte (A) é dividida em (a e a'). A 2ª parte é composta por B e ½ A, em que B corresponde a um novo tema (b) e ½ A seria igual a a'.

Indicações culturais

Para ampliar seu repertório, indicamos conteúdos de diferentes naturezas que ensejam a reflexão sobre os assuntos estudados e contribuem para seu processo de aprendizagem.

Capítulo 1

HARMONIA MUSICAL: DESENVOLVIMENTO HISTÓRICO

A palavra *harmonia* pode ser definida como "equilíbrio, concordância, proporção ou estabilidade". A harmonia musical também pode ser conceituada como uma espécie de concordância entre sons combinados, dispostos de maneira equilibrada e proporcional.

O estudo da harmonia é indispensável para o desenvolvimento musical, uma vez que, por meio dele, são desenvolvidas atividades como composição, arranjos e análises musicais.

Neste livro, você conhecerá a harmonia conhecida como *harmonia tonal*, que se estabeleceu aproximadamente entre os anos de 1650 até 1900. No entanto, a harmonia tonal não está limitada a esse período, pois ainda está presente na música de hoje, conforme demonstraremos no decorrer desta leitura.

Apresentaremos, neste capítulo, um breve desenvolvimento histórico da harmonia, passando pelos principais marcos de sua trajetória, desde os primeiros estudos de Pitágoras, que definiu a distância entre os sons, organizando uma escala musical, até a harmonia popular que podemos apreciar na atualidade.

1.1 Pitágoras e o monocórdio

Pitágoras foi um notável filósofo grego, também matemático, que se destacou em várias áreas do conhecimento, como matemática, astronomia e música. O pensador, grande estudioso da geometria, ficou conhecido especialmente pelo famoso teorema de Pitágoras, que trata da relação entre o quadrado da hipotenusa e a soma dos quadrados dos catetos em um triângulo retângulo. No entanto, a música também foi objeto de estudo de Pitágoras, que entendia as relações entre tons, semitons e escalas como relações matemáticas (Kahn, 2007).

Os integrantes da chamada *escola pitagórica* recebiam educação formal, estudando quatro disciplinas: Geometria, Aritmética, Astronomia e Música. De acordo com Abdounur (2003), por volta do século VI a.C., houve o primeiro registro científico fazendo a ligação entre duas ciências: a música e a matemática. Análises da escola pitagórica relacionaram o estudo de frações com os intervalos musicais. Essa ligação, que hoje, para nós, pode parecer muito coerente, há mais de 2 mil anos suscitou inúmeras discussões na Grécia a respeito da teoria musical.

Esses primeiros registros originaram-se das experiências de Pitágoras com um instrumento chamado **monocórdio**, que se trata de "um instrumento composto por uma única corda estendida entre dois cavaletes fixos sobre uma prancha ou mesa, possuindo, ainda, um cavalete móvel colocado sob a corda para dividi-la em duas seções" (Abdounur, 2003, p. 4), conforme podemos observar na figura a seguir.

Figura 1.1 – Monocórdio

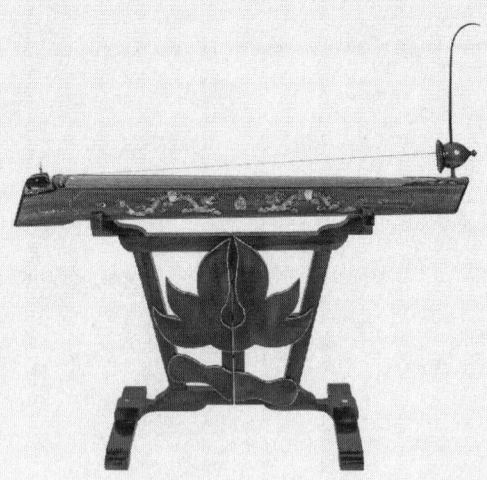

senic/Shutterstock

Os experimentos de Pitágoras e seus seguidores buscavam uma relação de números inteiros na emissão dos intervalos. Apesar de já conhecidos na prática musical há tempo, os intervalos consonantes são atribuídos a Pitágoras, e a escola pitagórica foi uma das estudiosas do assunto. Em suma, a compreensão de um sistema musical foi possível a partir de Pitágoras (Henschel, 2017).

Fonterrada (2008, p. 31) declara que Pitágoras é o autor de uma espécie de "mitologia musical", por inscrever na área uma concepção baseada em simbolismos e especulações numéricas, em vez de sons ou melodias. Para Pitágoras, o número três simboliza a perfeição, pois representa a soma dos dois números anteriores e é um número com começo meio e fim. O número quatro representa o *quadrivium*, considerado "a mais alta divisão das sete artes liberais" (Fonterrada, 2008, p. 31), em que estavam presentes a aritmética, a astronomia, a geometria e a música. Para os pitagóricos, a música desempenhava um papel muito importante nas explicações alegóricas e simbólicas.

Contudo, mediante suas experiências, Pitágoras depreendeu a correspondências entre o tamanho de uma corda e a altura do som que é emitido ao tocá-la. Percebeu sons muito parecidos quando tocava a corda pressionada em determinados pontos e sons diferenciados ao pressioná-la em outros pontos. Assim, concluiu que, havendo pressão em um ponto situado na metade da corda, o som ouvido é uma oitava acima do som original; quando a corda é dividida em três partes, dois terços da corda produzem um intervalo de 5ª acima; e quando a corda é dividida em quatro partes, três quartos da corda produzem uma 4ª acima do som fundamental. Com base nessa experiência, esses intervalos começaram a ser conhecidos por *consonâncias pitagóricas* (Silva; Barros, 2018).

Tomando por base o cálculo de relações numéricas entre os intervalos de 5ª e 8ª (intervalos justos), Pitágoras criou a **escala pitagórica**, que foi a base para a mudança da escala pentatônica (escala de cinco sons) para a escala heptatônica (escala de sete sons). Pitágoras considerava apenas os intervalos de 4ª, 5ª e 8ª como intervalos consonantes, em razão de suas relações numéricas simples. Os estudos de Pitágoras foram base para vários conceitos importantes em harmonia, como o ciclo de 5ᵃˢ, e a série harmônica, temas que serão estudados detalhadamente neste livro (Pereira, 2011).

A música foi construída tendo por princípio básico a série harmônica, sendo seu ponto de referência a nota fundamental, o som gerador, o número um da série, que também fazia referência à representação divina. Nessa perspectiva, quanto mais simples (ou mais próximo da fundamental) estiver o intervalo, melhor. Os números, então, expressavam a perfeição dos sons, e, na teoria das proporções, os intervalos consonantes representariam uma ordem criada por Deus, em que os números assumiram um papel muito relevante (Harnoncourt, 1988).

Foi graças às experiências de Pitágoras que o estudo das relações entre a música e a matemática tornou-se possível.

1.2 Música e Idade Média

A Idade Média compreende um período da história de aproximadamente mil anos, estendendo-se do ano 476, quando aconteceu a queda do Império Romano, até 1453, com a queda de Constantinopla. O início do medievo marca o fim da Antiguidade e início da chamada *Era Cristã*.

A música medieval foi fortemente determinada pela Igreja, tendo como exemplares os cantos entoados pelas comunidades cristãs (Cavini, 2011). O canto representava para a Igreja cristã um meio de ensino da Bíblia e elevação espiritual dos fiéis.

Os humanistas do século XIV trataram esse período com profundo desprezo, e a expressão *Idade das trevas* foi muito utilizada no passado para reforçar que esta teria sido uma época de atraso, declínio, pestes, fanatismo religioso e guerras. A cultura e a ciência, controladas pela Igreja, pouco teriam se desenvolvido, pois, ao apontar a fé como único caminho a ser seguido, a Igreja teria limitado os avanços técnicos e científicos. Para os renascentistas, esse tempo teria sido um tempo de sombras, de escuridão, de trevas, motivo pelo qual recebeu o referido estigma, em que a razão não teria espaço para se desenvolver.

Mas será que foi isso mesmo o que ocorreu?

Apesar do preconceito construído na Renascença e que atravessou séculos, muitos historiadores concordam que a Idade Média foi um período embrionário de muitas conquistas do mundo moderno: "As universidades, bancos, o relógio mecânico, óculos, as ordens monásticas, a arte gótica, o canto gregoriano, a expansão marítima, a letra cursiva, as festas religiosas, são, entre muitas outras, contribuições que a Idade Média nos deixou" (Vaz; Prates, 2016).

Nessa época, quase toda a cultura e a arte eram voltadas ao sagrado. Pintura, escultura, arquitetura e música tinham o objetivo principal de conceder ao povo maior entendimento a respeito das passagens e dos ensinamentos bíblicos. A Igreja cristã dominava todo o pensamento intelectual da época, e a música medieval foi produzida quase exclusivamente no contexto eclesial.

Até mesmo músicas que não desempenhavam função litúrgica tinham conteúdo sacro (Meurer, 2016). A Igreja determinava se a música poderia ou não ser usada, se seria completamente rejeitada ou apenas tolerada. Também a cargo da Igreja estavam as decisões sobre a forma de interpretação da música, se seriam ou não usados instrumentos e quais seriam eles, bem como todos os outros detalhes relacionados à prática musical e às apresentações.

Os mosteiros não eram apenas instituições religiosas, mas também de ensino. O estudo de música, a escrita de tratados sobre música e as composições competiam ao clero, que determinava tanto a teoria quanto a prática musical da época (Cavini, 2011).

A fase inicial da música medieval consistia em uma única linha melódica, sem acompanhamento e cantada em uníssono, e era chamada de **cantochão**. Miranda e Justus (2003) afirmam que esse tipo de canto linear e plano favorecia a introspecção e concentração religiosa.

O cantochão pode ser classificado segundo diferentes aspectos: as peças podem textos bíblicos ou não e ser composto em prosa ou poesia. Outra maneira de classificar o cantochão é de acordo com a forma como era cantado: no caso de coros cantando alternadamente, o cantochão era chamado de **antifonal**; no caso de haver alternância entre um solista e o coro, o cantochão chamava-se **responsorial**, e quando não havia alternância, era denominado *cantochão* **direto**. Ainda é possível classificar o cantochão pela relação entre as notas musicais e as sílabas cantadas. Se todas as sílabas (ou pelo menos a maioria delas) correspondem, cada uma delas, a uma nota musical, o cantochão é chamado de **silábico**, mas se, ao contrário, houver uma longa melodia construída sobre uma única sílaba, o cantochão é **melismático**. Às vezes, essa distinção não é muito clara, pois peças melismáticas podem conter trechos silábicos, assim como podem ocorrer breves melismas sobre algumas sílabas, e esse cantochão é, algumas vezes, denominado **neumático**. No cantochão, a melodia é adaptável ao ritmo do texto e a suas funções litúrgicas, sendo dividida em frases e períodos que correspondem às mesmas frases e períodos do texto. Sua função principal é evidenciar o texto de maneira simples ou excessivamente elaborada (Grout; Palisca, 2007).

Observe no quadro a seguir as principais classificações do cantochão.

Quadro 1.1 – Classificações do cantochão

Cantochão	Quanto ao texto	Bíblicos (prosa ou poesia)
		Não bíblicos (prosa ou poesia)
	Quanto à forma de cantar	Antifonal
		Responsorial
		Direto
	Quanto à relação entre notas e sílabas	Silábico
		Melismático
		Neumático

Fonte: Elaborado com base em Grout; Palisca, 2007.

A música, sob a condução da Igreja, estava organizada de acordo com as peculiaridades dos cultos religiosos. A expressão de uma fé simples em Deus era o propósito do cantochão. Essa função foi preservada pela inserção da música em todos os serviços da igreja. Na liturgia romana, os principais serviços religiosos eram o ofício, que é celebrado todos os dias, em horas predeterminadas, e a missa, que era o serviço religioso mais importante da Igreja católica. Suas partes invariáveis são chamadas de *Kyrie, Gloria, Credo, Sanctus, Benedictus* e *Agnus Dei* (Cavini, 2011; Grout; Palisca, 2007).

 Curiosidade

Embora tenham sido escritos em épocas e em locais distintos, numerosos manuscritos diferentes receberam uma mesma melodia. Qual seria a explicação para isso? Uma hipótese é que essas melodias têm uma "fonte comum" (Grout; Palisca, 2007, p. 58), que, segundo estudiosos, seria o papa Gregório Magno. Embora não haja evidências concretas disso, são atribuídas a S. Gregório a compilação e a organização de um livro litúrgico com as orações rezadas durante a missa. A reorganização do cantochão sob a orientação do Papa Gregório (590-604) foi denominada **canto gregoriano**, em sua homenagem. Quando Carlos Magno foi coroado, no ano 800, impôs esse repertório gregoriano, suprimindo os diversos dialetos do cantochão. Independentemente disso, o questionamento sobre como foi possível manter um repertório vasto, como era o cantochão, mesmo antes de haver notação musical, motivou muitas pesquisas sobre o assunto (Grout; Palisca, 2007).

Fonterrada (2008) explica que, para a Igreja medieval, a transmissão correta do cantochão era extremamente importante, porque serviria de expansão para a fé cristã. Por essa razão, foram criadas as *scholae cantori*, que se desenvolveram com o Papa Gregório, desde o final do século VI.

Como o maior propósito da música era louvar a Deus, as instituições cristãs, isto é, as igrejas, conventos e seminários arregimentavam crianças dotadas de boa voz para suprir as necessidades de seus coros. Geralmente provindas de lares pobres, essas crianças garantiam, muitas vezes, o sustento próprio e o da família. [...] sabe-se que eram ministradas aulas de canto, contraponto e improvisação, e que muitos dos pequenos cantores eram extremamente hábeis nas suas tarefas musicais. (Fonterrada, 2008, p. 36)

Os cantos eram aprendidos de ouvido e repassados para outras gerações de modo oral. O problema é que os cantos foram se tornando cada vez mais complexos, e, por essa razão, surgiu a necessidade de que houvesse uma notação. Grout e Palisca (2007) descrevem que a primeira função dessa notação era "auxiliar de memória", e somente depois é que se começou a registrar intervalos com mais precisão. No entanto, a notação só se consolidou quando a interpretação já havia atingido um bom nível de uniformidade, para que ela não se perdesse no decorrer dos anos.

O desenvolvimento da notação musical foi o que possibilitou os registros da música, permitindo, até os dias de hoje, nosso acesso a esses registros, que proporcionam um conhecimento adequado da música desse tempo.

Os primeiros sinais de notação foram chamados de *neumas*. Diferentemente da notação atual, na qual as notas musicais têm alturas e tempo de duração definidos, além de um conjunto de outras informações sobre a interpretação da música, os neumas não tinham essa precisão. Eram uma notação que servia para lembrar aos músicos os movimentos melódicos de cantos que eles já conheciam. Não seria possível fazer uma "leitura à primeira vista" de uma música tendo apenas a escrita neumática como base, porque os neumas não eram claros quanto às alturas ou durações das notas.

Martinez (2000) explica que o monge Guido d'Arezzo (995-1050) proporcionou grandes avanços na escrita musical, estabelecendo um tipo de notação que definia alturas e ritmos precisos. Essa notação, além de ter contribuído para o desenvolvimento para a música da época, foi facilitadora para a execução universal da música. Graças ao sistema de notação, os mosteiros guardaram grande parte da música litúrgica, e a produção musical desse momento histórico chegou até os nossos dias.

D'Arezzo partiu de um hino latino, em que cada frase começava um tom acima da anterior. O monge, então, deu nome aos sons musicais da escala heptatônica com as iniciais de cada frase de um hino a São João. A nota Si foi criada com a junção das iniciais de *Sancte Iohannes*. Mais tarde, uma revisão do sistema acabou substituindo a sílaba "Ut", pela sílaba "Dó". Segundo Miranda e Justus (2003, p. 19), o uso do Ut "foi posteriormente deixado de lado, e, com exceção da França, substituído arbitrariamente pelo DÓ". Sousa (2022, grifo nosso) reproduz o hino que deu origem às notas musicais que conhecemos hoje:

Hino a São João
Ut quant laxis
Resonare fibris
Mira gestorum
Famuli tuorum
Solve polluti
Labii reatum
Sancte **I**ohannes

Se a transmissão da música acontecia apenas por tradição oral, pois a notação servia apenas de guia mnemônico (as músicas precisavam ser memorizadas), o sistema de notação proposto por Guido d'Arezzo viabilizou a criação de coros em cada monastério ou igreja. Esses coros não estavam limitados a cantar o repertório já tradicional, pois também novas canções podiam ser incorporadas ao repertório. O trabalho de d'Arezzo representou uma revolução para a música da época. Seu objetivo era que o cantor pudesse ser educado musicalmente de modo mais rápido, até chegar ao ponto de, partindo da notação escrita, entoar cantos desconhecidos (Fonterrada, 2008).

De 1100 a 1430 sucedeu o que conhecido como *período gótico*. O surgimento e o desenvolvimento da polifonia foram importantes avanços para a música da época, assim como para certa convergência entre a música sacra e a profana. Foi nesse período que a notação musical se fortaleceu (Torres, 1997).

A música profana foi produzida paralelamente ao canto gregoriano. Seus principais representantes eram os trovadores, que cantavam os romances da realeza e levavam aos castelos as notícias de outros locais. A canção secular tratava de temas como guerra, amor e honestidade. Seus cantores eram poetas nômades, e esse tipo de canção foi ganhando relevância durante a Idade Média (Miranda; Justus, 2003). Além de ser voltada para a dança, a música profana era uma forma de contar histórias, novidades, e expressar tradições folclóricas. Então, música passou a ser mais importante para a sociedade da época. Torres (1997, p. 15) explica que:

A elevação do *status* social da música secular, evidenciado pela nobreza dos *Troubadours* e *Trouvéres* (trovadores e trovistas), demonstra o grande interesse nas canções seculares no vernacular. O estabelecimento das cortes e o crescente poder das instituições não religiosas encorajou fortes centros de cultura secular em muitas cidades medievais. Esta foi a época da nobreza e do cavalheirismo, época em que o romance da realeza se tornou o assunto das canções líricas de amor.

Grout e Palisca (2007) descrevem que as palavras *troubadour* e *trouvère* tinham o mesmo significado: "descobridores, inventores". No entanto, *troubadour* era usado no sul da França, e *trouvère*, ao norte. Os trovadores eram poetas e compositores, e sua arte foi especialmente difundida entre a aristocracia. Muitos deles não apenas eram compositores de suas canções, mas também as cantavam. Os que não cantavam confiavam as interpretações de suas composições a um **menestrel**. "Chegaram até nós, no total, cerca de 2600 poemas e mais de 260 melodias de trovadores e cerca de 2130 poemas e 1420 melodias de troveiros" (Grout; Palisca, 2007, p. 85). A canção *Can vei la lauzeta mover*, do trovador Bernart de Ventadorn, é uma das mais bem conservadas cantigas. Ela tem oito estrofes, e as duas primeiras expressam o lamento do amante, tema recorrente nas canções trovadorescas. Grout e Palisca (2007, p. 88) reproduzem a letra da canção com sua tradução para o português:

Can vei la lauzeta mover	Quando vejo a cotovia bater
de loi alas contrai rai	de contentamento as asas ao sol
que s'oblid e.s laissa chazer	que depois desmaia e se deixa cair
per la dousor c'al cor li vai	pela doçura que no coração lhe vai,
ai! tan grans enveya m'en ve	ai! Tão grande inveja sinto
de cui qu'eu veya jauzion,	daqueles que têm a alegria do amor,
meravilhas ai, car desse	maravilhado fico por logo
lo cor de dezirer no.m fan.	o coração se me não derreter de desejo.
Ai, las! tan cuidava saber	Ai de mim! Tanto cuidava saber
d'amor, e tan petit em sai,	d'amor, e sei tão pouco,
car eu d'amar no.m pose tener	pois não posso impedir-me de amar
celeis don ia pro non aura.	uma senhora de quem nunca obterei favor.
Tout m'a mo cor, e tout m'a me,	Levou-me o coração, e a mim todo,
e se mezeis e tol lo mon;	e a ela própria e ao mundo inteiro,
e can sem tolc, nom laisset re,	quando me deixou, já nada eu tinha
mas desirer e cor volon.	senão desejo e um coração anelante.

As danças na Idade Média eram acompanhadas por cantigas e por instrumentos. A seguir, listamos alguns dos instrumentos mais utilizados, de acordo com Grout e Palisca (2007), sendo alguns deles precursores de instrumentos que usamos atualmente.

A **lira** romana era usada, mas a **harpa** era o instrumento mais característico dessa época.

Figura 1.2 – Harpa

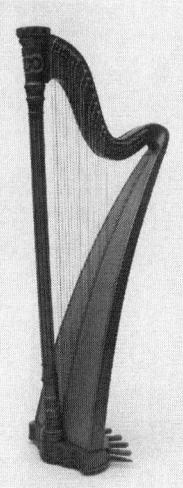

Daniel Jarosch/Shutterstock

O principal instrumento de corda era a **vielle**, ou **Fiedel**, que tinha vários nomes, formas e tamanhos diferentes, e é o precursor da viola renascentista e do violino atual.

Figura 1.3 – Viela de roda (a) e viela de arco (b)

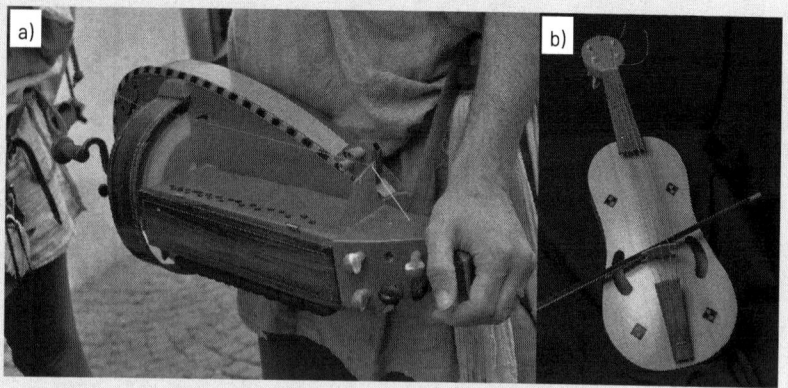

Daniele Pietrobelli e martin791017/Shutterstock

Também de corda era o **organistrum**, que parece ser um instrumento de grandes dimensões que assumiu uma forma mais reduzida a partir do século XIII e deu origem à moderna sanfona. Nas igrejas, além dos grandes **órgãos**, eram utilizadas variedades de menores dimensões.

O **saltério**, também um instrumento bastante utilizado na Idade Média, era uma espécie de cítara, antecessor antigo do cravo e do clavicórdio. O **alaúde**, já conhecido desde o século IX, difundiu-se na Europa um pouco antes do renascimento.

Figura 1.4 – Alaúde (a) e saltério (b)

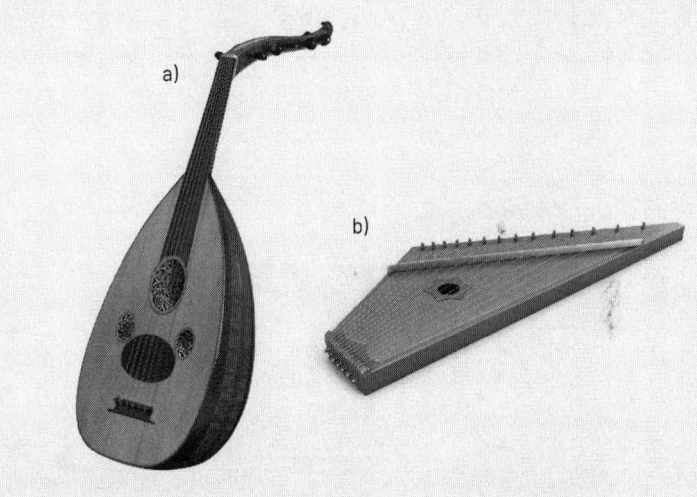

3DMAVR e daphnusia/Shutterstock

Também eram utilizadas **flautas** e **charamelas** (instrumentos da família do oboé).

Figura 1.5 – Flauta reta (a), flauta transversal (b) e charamela (c)

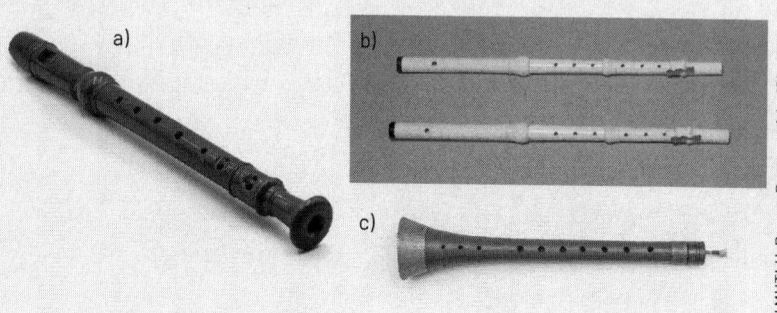

Somente os nobres poderiam utilizar as **trombetas**, e o instrumento mais conhecido era a **gaita de foles**. Para marcação do tempo, os **tambores** eram utilizados.

Figura 1.6 – Gaita de foles (a) e tambor (b)

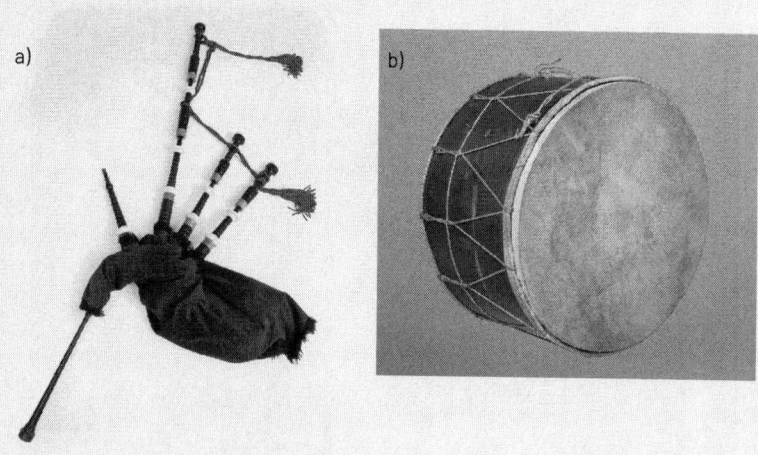

> **Audição livre**
>
> Você tem ideia de como era a sonoridade de instrumentos medievais em conjunto? Assista ao vídeo indicado a seguir com canções medievais e instrumentos de época, gravado no Teatro de Sens, na França, e dirigido pelo violonista e cantor Emmanuel Bonnardot, especializado na execução de música vocal e instrumental da Idade Média:
>
> EMMANUEL BONNARDOT. **Obsidienne chansons médiévales théâtre de Sens**. 1 vídeo (3 min 42 s). Disponível em: <https://www.youtube.com/watch?v=0LeLwW0pD6c&t=11s>. Acesso em: 4 ago. 2022.

No final do período gótico, a polifonia se desenvolveu amplamente, e uma de suas principais formas é o **moteto**, uma pequena peça religiosa que pode ser escrita para uma ou mais vozes (Vieira, 1899). O grande número de vozes tornou-se a marca da música ocidental.

Torres (1997) explica que, no período gótico, muitas igrejas foram construídas, o que fez aumentar consideravelmente o número de músicos que atuavam nos programas litúrgicos. Isso levou ao surgimento de escolas, como a de St. Marcial e a de Notre Dame de Paris. Nessas escolas, a música sacra era especialmente cultivada. Compositores da escola de Notre Dame, Ars Antiqua, especialmente Leonin e Perotin, estiveram entre os primeiros compositores a desenvolver o **contraponto**, uma forma básica da polifonia do século XII, sobre a qual discorreremos mais detalhadamente na seção a seguir.

1.3 Contraponto e Palestrina

De aproximadamente 1400 a 1600, ocorreu o período denominado **Renascença**. Segundo Fonterrada (2008, p. 40), foi uma época caracterizada pelo "rompimento de fronteiras, tanto geográficas quanto as que se referem ao conhecimento humano, conduzindo a um estudo renovado das formas de arte". O termo tem um significado de renascimento de interesses voltados ao saber e à cultura, retornando aos ideais e clássicos antigos, e os pensadores desse tempo consideravam a si mesmos como os responsáveis por trazer de volta o saber da Grécia e Roma antigas (Grout; Palisca, 2007).

No entanto, de acordo com Torres (1997), esse período também trouxe um renascimento da dignidade e do valor para o ser humano, o que já começava a acontecer no período gótico. Essa atitude se expressava mais adequadamente nas filosofias e crenças humanistas. Nessa perspectiva, a ideia do renascimento colocava em foco os valores humanos em oposição aos valores espirituais tão cultivados e valorados na Idade Média. Buscar a felicidade e a realização dos desejos pessoais tornou-se um objetivo comum.

Bennett (1986) acrescenta que a Renascença também foi um período permeado por grandes descobertas, destacando Vasco da Gama, Colombo e Cabral em suas viagens de descobrimento, ao mesmo tempo que ocorriam grandes avanços no campo da ciência e astronomia.

Grout e Palisca (2007) explicam que o movimento intelectual mais característico do renascimento foi o **humanismo**, que teve a importante missão de associar a música de modo mais estreito às artes literárias. "Os poetas passaram a preocupar-se mais com o som dos seus versos e os compositores com a imitação desse som"

(Grout; Palisca, 2007, p. 188). Essas mudanças tornaram a música mais expressiva e mais atraente para o ouvinte, no entanto, não ocorreram de modo súbito, mas se estenderam por todo o período do Renascimento. Cavini (2011) afirma que o humanismo afasta o homem da postura voltada para a religião e o misticismo, em que Deus e a Igreja concentravam todas as atenções. Para o humanismo, a postura é antropocêntrica e o comportamento é racionalista.

A polifonia (execução de várias melodias diferentes simultaneamente) é uma característica marcante da música renascentista, e a missa católica desde o final da era medieval já era realizada no estilo polifônico, no entanto, em razão da rápida evolução ocorrida na música nesse período, Grout e Palisca (2007, p. 188) afirmam que "não é possível definir um estilo musical renascentista. O Renascimento foi mais um movimento cultural geral e um estado de espírito do que um conjunto específico de técnicas musicais".

As técnicas de composição medievais foram deixadas de lado na Renascença, mas ainda havia a presença de um *cantus firmus* para fundamentar as missas e os motetos. O *cantus firmus* consiste em uma linha melódica que é utilizada como base para a composição contrapontística. Esse *cantus firmus* era sempre um cantochão, mas, nessa época, foi introduzida uma diferença significativa: em vez de usar o cantochão como base melódica, eram utilizadas canções populares. As dissonâncias começaram a ser tratadas de modo menos rígido, e todas essas mudanças enriqueceram a expressão musical (Bennett, 1986).

A polifonia vocal, predominante nessa época, era presente nas formas musicais dominantes, as missas e os motetos eram entoados *acappella* (sem acompanhamento instrumental). Essa polifonia era constituída de uma ornamentação bastante complexa, com vozes linearmente independentes. Aos poucos, o número de vozes foi aumentando cada vez mais, chegando a dois ou mais corais cantando simultaneamente. Os músicos criavam uma arte que só podia ser executada e entendida por profissionais, tal sua complexidade, que chegava ao ponto de reunir mais de 36 vozes, todas independentes, cantando temas com inversões e reinversões (Grillo et al., 2022).

A execução de músicas litúrgicas realizada por muitas vozes cantando ao mesmo tempo textos diferentes, com um deles quase sempre profano, tornava impossível a compreensão do texto da liturgia, o que gerou desconforto junto à Igreja católica. Nessa época, o Concílio de Trento divulgou o *Cânone sobre a música a utilizar na missa*. Entre outras coisas, havia uma exigência de que as palavras cantadas fossem claramente entendidas pelos ouvintes (Grout; Palisca, 2007). Vejamos o que os autores descrevem a respeito do Concílio de Trento:

> Entre 1545 e 1563, embora com numerosas interrupções, realizou-se um concílio em Trento, no Norte de Itália, com o fim de formular e sancionar oficialmente um certo número de medidas destinadas a expurgar a Igreja de abusos e laxismos. No tocante à música sacra (que apenas ocupou uma pequena parte dos trabalhos do concílio), as principais queixas que se fizeram ouvir no Concílio de Trento diziam respeito ao seu espírito frequentemente profano, evidenciado nas missas baseadas em *cantusfirmus* profanos ou na imitação de *chansons*, e à complexa polifonia que impossibilitava a compreensão das palavras da liturgia. Além disso, houve quem criticasse o uso excessivo de instrumentos ruidosos na igreja e a pronúncia incorreta, a negligência e a atitude geralmente irreverentes dos cantores. (Grout; Palisca, 2007, p. 284)

Os autores relatam que o Concílio não abordou aspectos técnicos, não proibiu o uso da polifonia nem a imitação da música profana, mas afirmou a necessidade de evitar o que fosse profano dentro da Igreja. A supervisão do cumprimento dessas orientações ficou a cargo dos bispos diocesanos e de uma comissão de cardeais em Roma.

Foi durante o período renascentista que ocorreu a Reforma luterana, iniciada por Martinho Lutero (1483-1546) em 31 de outubro de 1517. Na França, ocorreu a Reforma calvinista em 1534, com João Calvino, e na Inglaterra, a Reforma anglicana teve início quando o Rei Henrique VIII rompeu as relações com a Igreja católica.

A Reforma protestante criticava vários aspectos da doutrina católica e modificava o estilo musical típico da época e a forma como essa música era ouvida. A Igreja católica foi, então, colocada em uma situação bastante complicada, pois as críticas à venda de indulgências, ao culto às imagens e ao celibato começaram a ensejar a perda de fiéis em vários países. Houve uma divisão na sociedade entre os católicos e os reformistas. Para os reformistas, a música nas igrejas tornava-se mais simples, buscando a devoção e participação de todos. Os compositores deveriam compor de uma forma em que todos conseguissem cantar, e o órgão foi introduzido para acompanhar o canto. A reforma contribuiu para que os compositores pensassem mais harmonicamente (Grillo et al., 2022).

O hino estrófico cantado pela congregação foi, na opinião de Grout e Palisca (2007), a mais importante e mais característica contribuição da Igreja luterana. A maioria desses hinos, hoje, é conhecida e cantada em harmonizações a quatro vozes. Uma vez que o coral pode ser enriquecido e ampliado por meio da harmonia e do contraponto, ele pode originar grandes formas musicais. Do mesmo modo que a maior parte da música do século XVI derivou do cantochão, grande parte da música luterana tem suas origens no coral.

Buscando reverter a situação de crise em que se encontrava, a Igreja católica organizou a contrarreforma, instituída pelo Concílio de Trento, com o objetivo de frear o avanço do protestantismo de Lutero (Cavini, 2011). De acordo com a autora, a Igreja católica lançou mão da inquisição para enfrentar as novas doutrinas. Cavini (2011, p. 110) descreve que "o Tribunal da Inquisição, muito poderoso na Europa nos séculos XIII e XIV, foi reativado em 1542 de modo a julgar e perseguir indivíduos acusados de praticar ou difundir as novas doutrinas protestantes".

> Em 1545 o papa Paulo III (1468-1549) convoca o Concílio de Trento e torna-se o primeiro papa da Contrarreforma. O Concílio deliberou algumas decisões importantes para continuar a combater a Reforma Protestante, como: a permanência da Inquisição; a criação do índice de livros proibidos (*Index Librorium Proibitorium*: relação de livros contrários aos dogmas e ideias defendidas pela Igreja Católica); a criação da Companhia de Jesus; fortalecimento da autoridade do papa, entre outras. (Cavini, 2011, p. 16)

O período renascentista foi dividido por historiadores em três grandes fases: (1) o *trecento* (século XIV), em que houve a transição entre a Idade Média e a Renascença; (2) o *quattrocento* (século XV), em que ocorreu o esplendor da Renascença com o amadurecimento do humanismo, avanços tecnológicos, descobertas e novas conquistas; e (3) o *cinquecento* (século XVI), com a difusão do espírito renascentista por toda a Europa, o início da reforma protestante e a contrarreforma, que anunciou o período seguinte: o Barroco (Cavini, 2011).

1.3.1 Contraponto

O contraponto pode ser definido como a organização de linhas melódicas independentes, de modo que elas se tornem interdependentes. O contraponto tem sua origem no *organum* (forma de cantar em conjunto) melismático, da era medieval. Nesse tipo de *organum*, havia uma voz chamada *vox principalis* (voz principal) que entoava notas de duração longa, ou seja, o *cantus firmus*, enquanto uma segunda voz, chamada de *vox organalis*, entoava melismas. A palavra *contraponto* tem origem no latim *punctus contra punctum*, que significa "nota contra nota" (Koellreutter, 1996).

Na visão de Fonterrada (2008, p. 42), o contraponto dos séculos XIII e XIV é um contraponto "tipicamente gótico". A autora explica que ele se desenvolve em arcos que caminham em direção a um destino, sem preocupação com as relações harmônicas no decorrer desses arcos, havendo muitas dissonâncias entre o ponto inicial e o ponto final de cada arco. Existem apoios de consonância, a partir dos quais as linhas melódicas caminham de maneira horizontal, de modo semelhante à arquitetura gótica; por isso, mesmo estando inacabada, uma catedral gótica ainda pode dar a impressão de grandeza. Assim como na arquitetura, a música não se mostra completa, admitindo constantes alterações. Vozes podem ser acrescentadas ou retiradas sem que haja alteração importante na estrutura (Fonterrada, 2008).

Ao contrário do período gótico, o contraponto renascentista é construído sobre princípios harmônicos, que são verticais, havendo uma preocupação com o resultado sonoro e com a simultaneidade, o que, para Fonterrada (2008), relaciona-se com o modo de pensar renascentista. Nessa época, surgiu a classificação das vozes com extensões específicas, o que não acontecia no período anterior, em que as vozes se sobrepunham e se cruzavam constantemente. A composição coral para quatro vozes começava a se definir e já não era uma composição que admitia adições ou exclusões de vozes, porque as vozes são, além de definidas, essenciais no contexto da obra como um todo. A estética da Renascença é explicada por Fonterrada (2008, p. 43) como uma estética "baseada na proporção, na relação entre diferentes espaços, na qual a simetria é apenas uma entre as diferentes possibilidades". Embora acontecendo mais rapidamente na arquitetura do que na música, essas proporções típicas do período fornecem ao olhar a mesma sensação que o ouvido experimenta na escuta musical.

O desenvolvimento da organização harmônica se mostra bem claro ao observarmos a organização do contraponto em torno de áreas tonais bem estabelecidas. Grout e Palisca (2007) explicam que, quando as 3as e 6as começaram a ser aceitas não apenas na prática, mas também na teoria, a distinção entre consonância e dissonância passou a ser definida de modo mais evidente. Os contrapontistas, então, estabeleceram novas regras para controlar e tratar as dissonâncias. Os autores afirmam que "o mais importante manual de ensino do contraponto no século XV era o *Líber de arte contrapuncti* (Livro de Arte do Contraponto, 1477), de Johannes Tinctoris, compositor flamengo que se instalou em Nápoles, na corte do rei Ferrante I, no início da década de 1470" (Grout; Palisca, 2007, p. 187).

Koellreutter (1996) descreve algumas características básicas específicas da estrutura do contraponto:

- **Contraponto de primeira espécie** – Esse contraponto (nota contra nota) é composto por uma linha melódica que contém unicamente semibreves e é escrita acima ou abaixo do *cantus firmus*.
- **Contraponto de segunda espécie** – Aqui já encontramos duas notas contra uma. A linha melódica que se contrapõe ao *cantus firmus* é formada por mínimas, sendo a primeira delas considerada tempo principal, e a segunda, tempo secundário.
- **Contraponto de terceira espécie** – Nessa espécie, há quatro notas contra uma. O contraponto é formado por uma linha melódica de semínimas contraposta ao *cantus firmus*, que pode ser escrita acima ou abaixo dele. Cada semínima é considerada uma parte principal ou secundária de uma mínima.
- **Contraponto de quarta espécie** – Nessa espécie, há uma linha melódica de mínimas que liga a mínima do tempo secundário à mínima do tempo principal seguinte e pode estar acima ou abaixo do *cantus firmus*.
- **Contraponto de quinta espécie** – Também conhecido como *florido*, apresenta uma linha melódica que contém os valores (durações) de todas as espécies precedentes. Nessa espécie, é preferível que o *cantus firmus* tenha 12 semibreves.

Na Renascença, a polifonia vocal atingiu seu período áureo. Koellreutter (1996) cita alguns compositores de destaque: Josquin des Prés (ca. 1450-1521), Guillaume Dufay (ca. 1400-1474), Gilles Binchois (1400-1460), Johannes Ockeghem (1410-1497), Heinrich Isaak (1450-1517), Adrian Willaert (1490-1562), Orlando de Lasso

(1532-1594), Tomás Luís de Victoria (1540-1611), Thomas Morley (1557-1603), e, de modo especial, Giovanni Pierluigi da Palestrina (1525-1594).

O estilo de composição de Palestrina se sobressaiu entre os demais, tendo desenvolvido um estilo muito diferenciado. Sua forma elegante e inteligente de tratar a polifonia foi, e é até hoje, apreciada, estudada, divulgada e executada com admiração.

1.3.2 Giovanni da Palestrina (1525-1594)

Giovanni Pierluigi era natural de Palestrina, pequena localidade próxima de Roma, onde recebeu formação musical e foi menino do coro. Palestrina foi organista, mestre da capela da cidade onde nasceu, e, mais tarde, mestre da capela Giulia de S. Pedro de Roma, mestre de capela em S. João de Latrão, também na capital italiana, e professor no Seminário Jesuíta da mesma cidade. Chegou ser cantor, ainda que por curto período, na Capela Sistina. As obras de Palestrina são predominantemente sacras, embora tenha composto pouco mais de 100 madrigais profanos.

Palestrina foi chamado de "príncipe da música", e suas composições foram consideradas a "perfeição absoluta" da música sacra (Grout; Palisca, 2007, p. 287). Grout e Palisca (2007, p. 287) enfatizam a importância composicional de Palestrina ao afirmarem que: "Não há compositor anterior a Bach cujo renome iguale o de Palestrina, nem outro cuja técnica de composição tenha sido objeto de análise tão minuciosa". A sobriedade e o conservadorismo de Palestrina traduziam o caráter da contrarreforma, e pouco tempo depois de sua morte já se falava no "estilo palestriniano" como modelo de música sacra polifônica. Palestrina escreveu algumas missas no estilo do *cantus firmus*, mas, em geral, preferia parafrasear o cantochão em todas as vozes. Os cânones estão presentes em suas obras e, curiosamente, em uma época em que os compositores estavam escrevendo para cinco ou mais vozes, muitas das obras de Palestrina eram escritas para quatro vozes, o que evidencia o conservadorismo do compositor. "As partes vocais individuais têm em Palestrina um carácter que quase evoca o do cantochão: a curva melódica descreve muitas vezes um arco, sendo o movimento predominantemente por grau conjunto, com saltos raros e de pequena amplitude" (Grout; Palisca, 2007, p. 288).

> O estilo de Palestrina foi o primeiro na história da música ocidental a ser conscientemente preservado, isolado e tomado como modelo em épocas posteriores, quando os compositores, naturalmente, escreviam já um tipo de música totalmente diferente. Era este estilo que os compositores tinham geralmente em mente quando, no século XVII, falavam de **stile antico** (estilo antigo). A sua obra chegou a ser considerada como a encarnação do ideal musical de certos aspectos do catolicismo que vieram a ser especialmente sublinhados no século XIX e no princípio do século XX. (Grout; Palisca, 2007, p. 294)

Os autores contam que havia uma lenda que dizia que o Concílio de Trento estava decidido a abolir o uso da polifonia nos ofícios litúrgicos. Palestrina, buscando "salvar" a música sacra, compôs uma missa para seis vozes, com intenção de demonstrar que o estilo polifônico era totalmente compatível com o espírito reverente e que não perturbava a compreensão do texto. Entretanto, a veracidade dessa história não foi confirmada.

Palestrina dominava perfeitamente as técnicas utilizadas nas obras dos compositores franco-flamengos. Grout e Palisca (2007) descrevem que 53 missas de Palestrina consistem em adaptações, reelaborações e refinamento dos melhores modelos polifônicos e exemplos musicais do passado, sendo muitos desses modelos da autoria dos mais renomados contrapontistas de gerações anteriores. Algumas de suas missas foram escritas no estilo *cantus firmus*, mas não exclusivamente no tenor (voz masculina aguda). Os cânones também estão presentes nas obras de Palestrina, sendo mais rigorosamente desenvolvidos na *Missa adfugam*, em cânone duplo, e na *Missa Repleatur os meum*, com cânones em todas as seções. As linhas vocais de Palestrina muitas vezes descrevem um arco, e os movimentos são quase sempre por graus conjuntos, com saltos pequenos e ocasionais. Em Palestrina, a linha melódica e a harmonia são muito puras e claras, e o cromatismo é cuidadosamente evitado. A serenidade e a transparência da música de Palestrina são dadas por linhas diatônicas suaves e dissonâncias discretas. A sonoridade é bem trabalhada, atingindo um grande colorido de matizes diferentes a partir de um mesmo acorde, distanciando, agrupando e duplicando vozes. O ritmo compõe-se da soma dos ritmos das várias vozes, somado ao ritmo do todo, que vem da combinação das linhas.

Apresentamos, na figura a seguir, a primeira frase do *Credo*, da missa *Papae Marcelli*, composta por Palestrina em 1562-1563.

Figura 1.7 – Missa *Papae Marcelli* : Credo

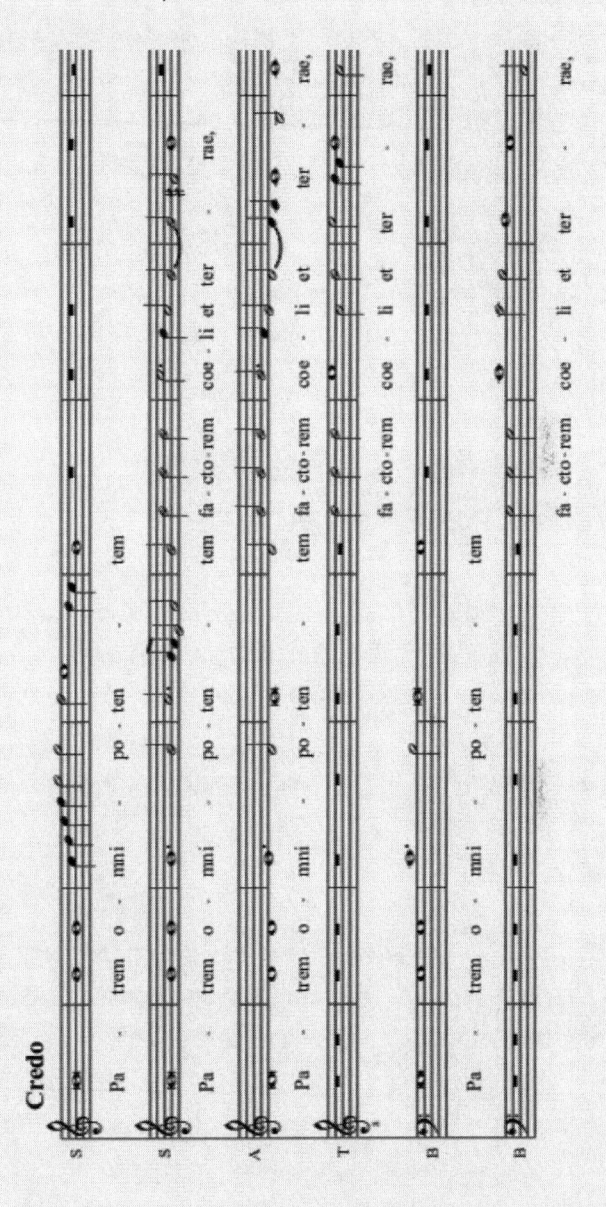

Fonte: Palestrina, 2017.

A famosa missa foi escrita na época em que o Concílio de Trento discutia a questão da inteligibilidade do texto no ofício da missa. Palestrina esforçou-se em garantir que as palavras do texto fossem compreendidas e utilizou as vozes pronunciando determinadas frases simultaneamente, sem a defasagem da polifonia imitativa, criando uma nova forma de variar a música. O compositor utilizou as seis vozes juntas em palavras cruciais ou mais relevantes, deixando de inserir todas as vozes em algumas partes do texto, obtendo um resultado claro e refinado (Grout; Palisca, 2007).

1.4 Primórdios da harmonia de Rameau e de Bach

O Barroco teve início após os processos de Reforma e Contrarreforma ocorridos durante o século XVI. A arte barroca e, portanto, a música incluída surgiram nesse cenário de expressão do contraste entre o teocentrismo medieval e o humanismo renascentista. Na música, o Barroco tem como marcos iniciais a ópera e o oratório e se estendeu até a morte de Johann Sebastian Bach (1685-1750), ou seja, aproximadamente de 1600 a 1750 (Cavini, 2011).

Grout e Palisca (2007) explicam que, nessa época, os compositores continuaram a escrever músicas sem acompanhamento, embora, por vezes, fosse acrescentado um *basso continuo* (baixo contínuo). O baixo contínuo, na explicação de Kostka e Payne (2012), era um sistema, criado no Barroco, que consistia em uma linha de baixo e símbolos (basicamente números) que indicavam o intervalo a ser executado pelo instrumentista acompanhante de um conjunto. Esses números representavam os intervalos acima do baixo que deveriam ser formados pelos demais membros do acorde, mas essas notas poderiam ser tocadas em qualquer oitava acima do baixo. Esse sistema lidava apenas com intervalos, e não com tônicas de acordes. Ainda neste capítulo, demonstraremos que esse sistema apresenta várias semelhanças com o sistema de cifras populares usado atualmente.

A música para instrumentos de tecla e alaúde, bem como certas peças para conjunto instrumental, não utilizava o baixo contínuo, e, mesmo nas peças em que ele era utilizado, ainda era o contraponto a base da composição. Havia uma ideia de que o baixo contínuo era uma rejeição ao contraponto do século XVI e anteriores, o que, até certo ponto, era verdadeiro; mas o século XVII foi berço do nascimento de um novo tipo de contraponto (Grout; Palisca, 2007).

Grout e Palisca (2007) explicam que essa música diferia do contraponto do século anterior porque as diferentes linhas melódicas agora precisavam encaixar-se em um conjunto de simultaneidades ou acordes decorrentes do baixo contínuo, que definia tais linhas pelas cifras, as quais eram expressas por números. "Eram os primórdios de um contraponto dominado pela harmonia, onde as linhas individuais se subordinavam a uma sucessão de acordes" (Grout; Palisca, 2007, p. 314).

Nessa estrutura, os compositores passaram a entender as dissonâncias como notas isoladas que não encaixavam em determinados acordes e, dessa forma, eram muito mais toleradas. Nessa época, o uso das dissonâncias era muito experimental, e só na metade do século XVII começou a haver um consenso sobre formas de controlá-las. Da mesma maneira, o cromatismo foi resultado de inserções experimentais com vistas à liberdade de uso dentro de uma estrutura. No decorrer de todo o século, o cromatismo foi ganhando expressão, especialmente em composições que pediam expressões mais intensas. Mais tarde, tanto as dissonâncias quanto o cromatismo foram integrados ao discurso musical controlado pela perspectiva global e por dimensões tonais da música (Grout; Palisca, 2007).

O que os autores descrevem como "perspectiva global" era o sistema tonal, próprio da música dos séculos XVIII e XIX, no qual todas as harmonias de determinada composição eram organizadas em relação a um acorde perfeito sobre a nota fundamental (ou tônica), tendo como apoio principal acordes perfeitos sobre a subdominante e a dominante, e acordes secundários em relação a estes. Modulações para outras tonalidades eram temporárias e permitidas sem que a tonalidade principal perdesse sua característica. Essa organização típica do sistema tonal era embrionária na época da Renascença, especialmente na segunda metade do século XVI.

1.4.1 Jean-Philippe Rameau

Jean-Philippe Rameau (1683-1764) foi compositor e teórico francês. Foi *maître de musique* (professor de música) da Catedral de Avignon e, mais tarde, da Catedral de Clermont. Rameau também foi organista do colégio jesuíta de Paris, e sua música para cravo destaca-se pelo fraseado original, pela variedade de texturas e pela ousadia nas harmonias. No ano de 1722, mudou-se definitivamente para a capital francesa a fim de acompanhar a publicação de seu livro intitulado *Traité de l'Harmonie* (*Tratado de harmonia*) (Cavini, 2011).

Grout e Palisca (2007) expõem que o sistema maior-menor se desenvolveu durante um longo período e que o *Tratado de harmonia* de Rameau consolidou um sistema que já existia na prática há cerca de 50 anos. O hábito contínuo de movimentar o baixo por intervalos dede 4ª e de 5ª, as sequências de acordes secundários encontrando ápice em uma progressão cadencial e as modulações para tonalidades mais próximas, segundo os autores, deram origem a uma teoria coerente. "Se na alta Idade Média o uso constante de algumas fórmulas melódicas características e a necessidade de classificar o cantochão conduziram à teoria dos modos, também no século XVII o uso constante de determinadas sucessões melódicas e harmônicas conduziu à teoria da tonalidade maior-menor"(Grout; Palisca, 2007, p. 315).

Para Rameau, o acorde perfeito maior era o acorde principal da harmonia. Ele apoiava essa ideia na série harmônica, em que o terceiro harmônico é a 5ª, e o quinto harmônico é a 3ª (Koentopp, 2010), como estudaremos mais à frente. Koentopp (2010, p. 35) explica que "isto quer dizer que a divisão de uma corda em três partes iguais resulta na quinta justa da fundamental e a mesma corda dividida em cinco partes resulta na terça maior". Rameau inverte os acordes perfeitos após concluir que oitavar uma ou mais notas da tríade é completamente possível e apresenta uma distinção entre o baixo contínuo e o baixo fundamental. Para Rameau, o baixo contínuo é a nota real, tocada pelos instrumentistas. O baixo fundamental é a "nota teórica e virtual, pensada pelo músico, que pode substituir o acorde no seu contexto tonal"(Koentopp, 2010, p. 36).

O *Tratado de harmonia* sustentava-se sobre uma teoria que era baseada na concepção das propriedades físicas do som, relacionando o baixo com a harmonia (Cavini, 2011). Nesse processo, o baixo contínuo cifrado contribuiu muito, pois enfatizava a sucessão dos acordes, apresentando-os em uma notação à parte das linhas melódicas. Grout e Palisca (2007, p. 435) afirmam que o baixo cifrado abriu um caminho do contraponto para a homofonia: "Rameau definiu os três acordes de tônica, dominante e subdominante como os pilares da tonalidade e relacionou os outros acordes com estes, assim formulando a noção de harmonia funcional, e defendeu ainda a concepção de que a modulação podia resultar da mudança de função de um acorde".

Cavini (2011) define o Barroco como um período marcado por importantes mudanças para a música, especialmente no que diz respeito à transição do sistema de modos para o sistema tonal. Nessa transição, especialmente importante foi a atuação de Bach por meio da elaboração e publicação de *O cravo bem temperado* (coletânea de músicas para cravo solo) em dois volumes, que, em conjunto com o *Tratado de harmonia* de Rameau, contribuiu para a implantação definitiva do sistema tonal (Cavini, 2011).

1.4.2 Johann Sebastian Bach (1685-1750)

Bach foi, sem sombra de dúvida, um dos compositores mais geniais dos quais já tivemos notícia. Dono de uma vasta produção musical, compôs para praticamente todas as formas de seu tempo (com exceção da ópera) e é considerado o último grande representante do Barroco tardio, em uma época em que o Iluminismo já se mostrava como novo estilo.

Nascido na Alemanha, foi compositor e, como muitos músicos contratados de sua época, exerceu funções de organista nas cidades de Arnstad e Mühlhausen, depois foi organista da corte e, mais tarde, mestre da capela, diretor musical na corte, *chantre* (cantor) do colégio de S. Tomás e diretor musical em Leipzig, que era um cargo muito importante no mundo luterano. Bach tinha fama na Alemanha protestante como um virtuose no órgão e autor de obras contrapontísticas eruditas. Grout e Palisca (2007, p. 438) ressaltam que:

> Bach considerava-se a si próprio como um artesão consciencioso que fazia o seu trabalho o melhor que sabia para satisfação dos seus superiores, para deleite e edificação dos seus semelhantes e para glorificar a Deus. Ficaria, sem dúvida, admiradíssimo se lhe dissessem que duzentos anos após a sua morte a sua música seria executada e estudada no mundo inteiro e o seu nome mais profundamente venerado pelos músicos do que o de qualquer outro compositor.

Apesar de ter formação também no violino, foi o órgão o instrumento que inspirou suas primeiras composições. Bach escreveu prelúdios, corais, variações sobre corais, tocatas e fantasias. Posteriormente, começou a se interessar pela música dos compositores italianos, copiava suas partituras e fazia arranjos de suas obras. Dessa forma, Bach escreveu arranjos de concertos de Antonio Lucio Vivaldi para órgão ou cravo, desenvolvendo habilidosamente os ornamentos, reforçando ocasionalmente o contraponto e, por vezes, acrescentando vozes intermediárias. Escreveu fugas sobre temas de Arcangelo Corelli e Giovanni Legrenzi e, como consequência desses estudos e da prática musical, desenvolveu temas mais concisos, clareou a estrutura harmônica de suas obras e aprendeu a desenvolver temas com um ritmo ininterrupto, criando estruturas de proporções grandiosas e com grande transparência. Todas essas qualidades, somadas a uma imaginação criativa e profundo domínio da técnica de contraponto, forjaram o que hoje reconhecemos como o estilo composicional de Bach (Grout; Palisca, 2007).

1.5 Harmonia na música popular

Muitos autores concordam que qualquer tentativa de definir o que seja música popular é sempre um tanto complexa. A ideia de música popular remete a duas acepções: (1) uma música que é própria do povo (por isso, popular), que tanto pode referir-se a um povo ou a uma nação específica; música que é produzida e consumida por muitas pessoas, referindo-se à popularidade. Um grande problema relacionado à música popular é o preconceito dirigido a ela, como se fosse uma música despretensiosa, simples, destinada apenas ao entretenimento ou lazer, em oposição à música "séria", "complexa", classificada como *música clássica*, ou *música erudita*. Para essa música erudita, é reivindicada a posição de "arte", ao passo que, para a música popular, é atribuída a posição de "entretenimento".

Pereira (2011, p. 118) descreve a dificuldade encontrada para que a música popular pudesse afirmar-se, de modo autônomo, como um campo de investigação acadêmica, quando aduz que esse campo de investigação "tendia a ser visto como um fenômeno do qual se esperava apenas a capacidade de proporcionar prazer e entretenimento de forma previsível e despretensiosa, e que, como tal, seria à partida pouco compatível com o território da análise acadêmica rigorosa".

Torres (1997) declara que a música popular é capaz de ir do mais simples, obtendo uma espécie de resposta emocional imediata, ao mais complexo, o que já exigiria maior capacidade de análise. Da mesma maneira, a música dita *erudita* pode variar desde uma resposta simples e imediata a uma estrutura mais complexa. No entanto, o autor, com quem concordamos, afirma que em nenhuma circunstância podemos estabelecer uma distinção entre a música clássica e a popular sob a ótica da música melhor ou pior, música boa ou ruim.

Antes do século XIX, a música popular não costumava ser escrita, e seu registro era muito fragmentado. A partir dessa época, essa música começou a ser coletada e publicada para o público em geral. Uma grande produção de partituras impressas tomou o mercado com uma quantidade expressiva de melodias populares. O desenvolvimento tecnológico, possibilitando a disseminação da música pela mídia eletrônica (discos, fitas, televisão, rádio e cinema), aliado à possibilidade de lucro gerado pelos direitos autorais das músicas publicadas e a audiência suprida especialmente pela juventude, encarregou-se de espalhar a música popular para todas as partes do globo (Torres, 1997).

Apesar das discussões e dos preconceitos envolvidos, muito do que se produz na música popular está totalmente baseado na harmonia tonal, e, nesse ponto, existe uma grande semelhança com a música de Bach. Kostka e Payne (2012) traçam um paralelo bastante interessante entre os dois tipos de música:

- ambas são músicas que se utilizam de um centro tonal, que estabelecem as noções de repouso, afastamento e aproximação;
- ambas se utilizam quase exclusivamente de escalas, maiores ou menores;
- ambas usam acordes diatônicos, com estrutura formada com base em 3as sobrepostas;
- em ambas as músicas, os acordes construídos sobre os graus das escalas (maior ou menor) se relacionam entre si e com o centro tonal de diversas formas;
- cada acorde tem mais ou menos estabelecida uma função que é padrão dentro de uma tonalidade, o que pode ser chamado de *harmonia funcional*.

Não é correto, portanto, afirmar que a harmonia tonal durou até aproximadamente o ano de 1900, porque ela está muito presente nos dias de hoje. Constatamos isso ao ligar o rádio, ao ouvir música no ônibus, no *shopping* ou no supermercado, nos aplicativos de transmissão de música, como Deezer ou Spotify, ou nas músicas de fundo que ouvimos enquanto fazemos uma refeição em um restaurante. Todos esses exemplos são de harmonias tonais, ou seja: a harmonia tonal não deixou de existir nem no mundo real nem no meio artístico.

Na música popular, a harmonia é indicada por meio de cifras que são inseridas sobre uma melodia. Kostka e Payne (2012) afirmam que existem semelhanças e contrastes entre as cifras populares que foram desenvolvidas para serem usadas no *jazz* ou na música popular ocidental durante o século XX e o sistema de baixo cifrado dos séculos XVII e XVIII. Eis o que os autores explicam:

- primeiramente, tanto o baixo cifrado quanto o sistema de cifras populares servem para oferecer ao intérprete uma informação suficiente para que a música seja "improvisada", mas dentro de certos limites estabelecidos pela cifragem;
- ambos são facilitadores do processo de notação, e as cifras podem representar uma grande ajuda na realização de uma análise harmônica;
- o sistema do baixo cifrado consistia em uma linha de baixo com números e símbolos indicando acordes que seriam formados acima dela, ao passo que as cifras na música popular aparecem sobre uma linha melódica indicando acordes que devem ser construídos abaixo dela.

O sistema de cifras populares não é um sistema muito preciso e sofre inúmeras variações de acordo com quem o utiliza, tanto na escrita quanto na execução musical. Existem cifras escritas de modo bastante incorreto e que são amplamente difundidas entre os músicos populares. Apesar dessas deficiências, é um sistema que funciona, e é importante que o estudante de harmonia saiba reconhecer as cifras populares para que tenha condições de compreender o contexto harmônico de uma melodia cifrada. Como não é um sistema "exato", convém utilizar bom senso e musicalidade na leitura e na escrita das cifras populares.

Vamos observar, ainda que basicamente, o sistema de cifras populares. A nota **Lá** é tomada como base, por isso, cifrada como **A**. A sequência natural das notas segue a sequência alfabética, conforme detalhado no Quadro 1.2.

Quadro 1.2 – Cifras populares

Notas	Lá	Si	Dó	Ré	Mi	Fá	Sol
Cifras	A	B	C	D	E	F	G

Quando é expressa apenas a letra que representa a nota, a cifra se refere à tríade maior, como mostrado na Figura 1.8.

Figura 1.8 – Cifra de tríades maiores

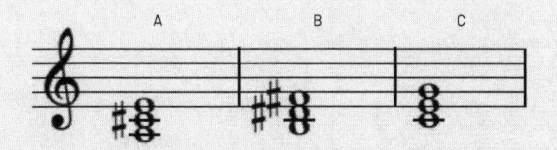

Quando se trata de uma tríade menor, acrescenta-se um "m" minúsculo ao lado da letra maiúscula que representa o acorde (Figura 1.9).

Figura 1.9 – Cifra de tríades menores

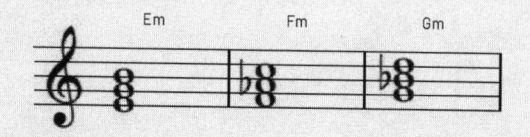

Quando a tríade é diminuta, é acrescentado (º) ou a escrita "dim" ao lado da tríade. A tríade aumentada é indicada com "aum" ao lado. Kostka e Payne (2012) representam a tríade aumentada com um sinal de + ao lado da tríade.

Figura 1.10 – Cifra de tríades diminutas e aumentadas

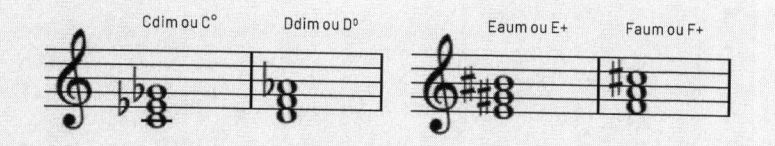

No caso das tétrades, elas devem ser sempre indicadas ao lado da cifra. A 7ª menor é indicada com o número 7, e a 7ª maior é indicada como "7M".

Figura 1.11 – Cifra de tétrades

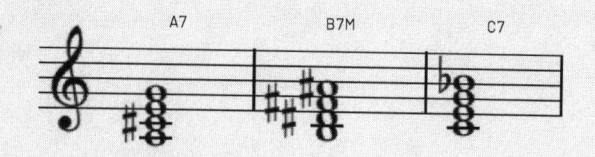

Tétrades meio diminutas e diminutas são cifradas como informado na Figura 1.12.

Figura 1.12 – Cifra de tétrades meio diminutas e diminutas

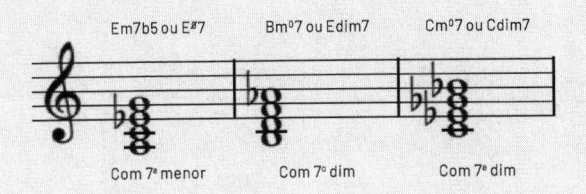

Em7b5 ou E#7 — Com 7ª menor
Bm°7 ou Edim7 — Com 7° dim
Cm°7 ou Cdim7 — Com 7ª dim

Se o acorde não estiver no estado fundamental, é necessário indicar a nota que se encontra no baixo. Essa indicação do baixo é feita depois de uma barra, como mostra a Figura 1.13.

Figura 1.13 – Cifra de acordes invertidos

C7/E   D7/A   E/G#

Basicamente, essa é a escrita de cifras populares; no entanto, esses acordes podem apresentar cifras com algumas alterações, variando de uma edição para outra e, até mesmo, de um país para outro.

Observe, na figura a seguir, um exemplo de cifra popular nos primeiros compassos da música *Yesterday*, de John Lennon e Paul McCartney.

Figura 1.14 – Fragmento de *Yesterday* cifrado

[Partitura com cifras: D, F#, Bm, D/A sobre "Yesterday, all my troubles seemed so far away"; G, A, D, A/C#, Bm, E, G, D sobre "Now it looks as though're they here to stay Oh I believe in yesterday"]

Síntese

Neste capítulo, apresentamos um breve panorama histórico da música, desde Pitágoras até a música popular atual. Iniciamos com a Idade Média, um período extenso de dez séculos, nos quais aconteceram episódios importantes para a música, como o nascimento da polifonia e o início da notação musical. Em seguida, abordamos a Renascença, período em que a visão teocêntrica foi suplantada pelo humanismo. Considerando esse momento histórico, tratamos das bases do contraponto e da obra de Palestrina. Evidenciamos, também, Rameau e Bach e a transição para o sistema tonal. Finalmente, explanamos sobre as particularidades da música popular, buscando desmistificar a ideia de que se trata de uma música de qualidade inferior. Apresentamos as cifras populares básicas.

Com base nessa contextualização, abordaremos, nos próximos capítulos, os fundamentos da harmonia tonal, passando por uma revisão de pontos basilares da linguagem musical e caminhando até o conceito de modulação, no último capítulo.

Atividades de autoavaliação

1. Assinale a única alternativa que contém uma afirmação **incorreta** a respeito de Pitágoras:
   a) O conhecido teorema de Pitágoras foi escrito com base nas experiências de Pitágoras com o monocórdio.
   b) Pitágoras foi um filósofo que se destacou não apenas na música, mas também na matemática e na astronomia.
   c) Os estudos de Pitágoras foram base para muitos conceitos em harmonia utilizados até hoje.
   d) Pitágoras relacionou o tamanho de uma corda com o som produzido por ela ao ser colocada em vibração.
   e) As relações entre a música e a matemática tornaram-se possíveis por meio dos estudos de Pitágoras.

2. A respeito da Idade Média, assinale a única alternativa **incorreta**:
   a) A Idade Média também pode ser chamada de *período medieval*.
   b) Quase toda a cultura e a arte da Idade Média eram voltadas ao sagrado.
   c) Para os pitagóricos, a Idade Média era chamada de *Idade das trevas*.
   d) Na Idade Média, os mosteiros não eram apenas instituições religiosas.
   e) Durante a Idade Média, a notação musical começou a se desenvolver.

3. Sobre Guido d'Arezzo, analise as afirmativas a seguir.
   I) Desenvolveu um sistema musical mais preciso com relação às alturas e às durações.
   II) O sistema de notação musical criado por d'Arezzo proporcionou aos músicos da época o aprendizado de novas canções.
   III) Os cantores da época passaram a ter um aprendizado mais lento após a adoção da notação de Guido d'Arezzo, porque havia mais informações escritas para serem estudadas.

   Agora, assinale a alternativa que apresenta todas as proposições corretas:
   a) I.
   b) I e II.
   c) II.
   d) II e III.
   e) I, II e III.

4. Assinale alternativa que apresenta uma característica que **não** se aplica a Palestrina:
   a) Escreveu missas, motetos e madrigais profanos.
   b) Aboliu o uso do *cantus firmus*.
   c) Sua música traduzia o caráter da Contrarreforma.
   d) Evitou cuidadosamente o cromatismo.
   e) Os movimentos melódicos que compôs são quase sempre por graus conjuntos.

5. Analise as afirmativas a seguir e indique V para as verdadeiras e F para as falsas.

   ( ) As composições de Palestrina foram consideradas a perfeição absoluta da música sacra.
   ( ) A época medieval caracterizou-se pelo movimento denominado *humanismo*.
   ( ) Para Rameau, o acorde perfeito maior era o acorde principal da harmonia.
   ( ) Durante a época do canto gregoriano, a música profana não se desenvolveu.
   ( ) O sistema de cifras populares é um sistema exato e preciso, da mesma forma que o baixo contínuo no Barroco.

   Agora, assinale a alternativa que apresenta a sequência correta de preenchimento dos parênteses, de cima para baixo:

   a) F, V, F, F, V.
   b) V, F, V, F, V.
   c) V, V, V, F, F.
   d) F, F, V, V, F.
   e) V, F, V, F, F.

Atividades de aprendizagem

Questões para reflexão

1. Por que os humanistas de períodos posteriores à Idade Média rotularam essa época como *Idade das trevas*?

2. Por que a autora Fonterrada (2008, p. 42) descreve o contraponto da Idade Média como "tipicamente gótico"?

3. Por que o baixo contínuo cifrado contribuiu para os estudos de Rameau, expressos em seu *Tratado de harmonia* (1722)?

4. Quais são as semelhanças e os contrastes encontrados entre o sistema de baixo contínuo do período Barroco e o sistema de cifras populares utilizado ainda hoje?

Atividade aplicada: prática

1. Observe os acordes a seguir e cifre-os de acordo com a cifragem popular:

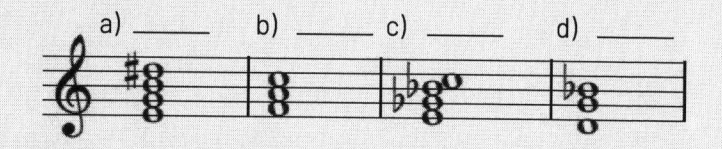

a) _____   b) _____   c) _____   d) _____

Capítulo 2

REVISÃO TEÓRICA DE ASPECTOS DA LINGUAGEM MUSICAL

Neste capítulo, examinaremos os aspectos melódicos da música, reconhecendo intervalos simples e compostos (formação e análise), escalas maiores e menores, tonalidades e armaduras de clave. Também abordaremos o ciclo de quintas.

Destacaremos importantes conceitos básicos de linguagem e notação musical, sendo muito importante que você compreenda bem tal conteúdo, uma vez que envolve aspectos fundamentais que serão trabalhados em todo este estudo de fundamentos de harmonia. É preciso estar atento a todos os detalhes, pois o estudo da linguagem musical ocorre sempre de modo sequencial, e a compreensão de conceitos mais avançados torna-se muito difícil quando o básico não está bem fundamentado.

Com o desenvolvimento de suas competências musicais, você estará pronto para enfrentar desafios cada vez mais estimulantes no universo musical.

2.1 Intervalos musicais

Antes de esclarecermos o que são tons e semitons, que são a "matéria-prima" dos intervalos, convém observar diversas abreviaturas recorrentes em música e que poderão facilitar a compreensão dos conteúdos deste capítulo e dos subsequentes.

Quanto aos tons e semitons:

- tom – T
- semitom – st

Quanto aos intervalos:

- segundas, terças, quartas etc. – 2^a, 3^a, 4ª etc.

Quanto à classificação dos intervalos:

- maior – M
- menor – m
- justo – J
- aumentado – aum
- diminuto – dim

Quanto à direção dos intervalos:

- ascendente – asc
- descendente – desc

Quanto às tríades:

- tríade maior – PM (indicando um acorde perfeito maior)
- tríade menor – Pm (indicando um acorde perfeito menor)
- tríade diminuta – 5dim
- tríade aumentada – 5aum

Importante!

Sempre que nos referimos aos **intervalos**, usamos numerais **ordinais**: 2ª, 6ª, 7ª etc. Sempre que nos referimos aos **graus** das escalas, usamos numerais **romanos**: I, IV, V, VII etc.

Cuidado para não confundir os intervalos de 5ª e as tríades aumentadas e diminutas: para indicar um intervalo de 5ª aumentada, abreviamos **5ª aum**; para indicar uma tríade aumentada, abreviamos **5aum**.

Nas escalas, assim como nos intervalos, usamos sempre a letra **M** (maiúscula) para indicar modo maior e **m** (minúsculo) para indicar

> modo menor. Quando há alterações, sustenidos são indicados por **#**, e bemóis são indicados pela letra **b** (minúscula). Por exemplo:
> - Ré sustenido menor: **Ré# m**
> - Si bemol maior: **Sib M**

2.1.1 Tom e semitom

O menor intervalo na música ocidental é o semitom (metade de um tom), e o sistema musical ocidental utiliza relações de semitom entre os sons considerados. Contudo, isso não significa que o semitom seja o menor intervalo entre dois sons musicais; existem culturas orientais cujos sistemas musicais, contemplam intervalos de quarto de tom e até de oitavo de tom. Esses intervalos estão presentes nas músicas dos povos japoneses, chineses, árabes, indianos, entre outros (Med, 1996).

Um tom musical pode ser dividido em nove partes iguais, chamadas *comas* (do grego *koma*), e, no sistema musical temperado, cada semitom tem exatamente quatro comas e meia. É possível perceber os intervalos de semitom tocando duas teclas vizinhas em um piano (ou teclado) ou tocando notas em uma mesma corda entre dois trastes vizinhos em um violão ou guitarra, por exemplo. Essas notas vizinhas guardam entre si um intervalo de semitom (Chediak, 1986; Guest, 2006).

Não é algo exatamente fácil perceber e entoar os intervalos de semitons. Por isso, é importante manter uma rotina de exercícios de treinamento auditivo para que os ouvidos estejam sempre "afiados" na percepção desses intervalos.

> **Exercitando**
>
> Existem diversos *sites* e *apps* (aplicativos) que podem ajudar bastante nesse treino. Dois *apps* disponíveis para sistemas tanto Android quanto iOS são bastante eficientes: Ouvido Perfeito e *The Ear Gym*. Vale a pena destinar um tempinho diário treinando com apoio desses aplicativos. Ambos podem ser encontrados na loja de *apps* do Google indicada a seguir:
>
> GOOGLE PLAY. Disponível em: <https://play.google.com/store?hl=pt_BR&gl=US>. Acesso em: 5 ago. 2022.

Antes de abordarmos a divisão e a classificação dos semitons, convém recordarmos as alterações que podem ser utilizadas em música.

Alterações

No sistema tonal, há as notas naturais e as notas alteradas. As alterações (também chamadas de *acidentes*) são sinais específicos inseridos antes das notas musicais, que indicam mudanças ascendentes ou descendentes na altura das notas. Conforme a alteração utilizada, as notas podem ter sua altura elevada ou abaixada em um semitom ou um tom (que equivale a dois semitons). Na escrita tonal convencional, não existem alterações que mudem a altura da nota em intervalos maiores do que um tom.

As alterações ascendentes são os sustenidos e os dobrados sustenidos. As alterações descendentes são os bemóis e os dobrados bemóis. Há, ainda, uma alteração variável: o bequadro. Ele cancela as alterações anteriores e, por isso, dependendo da alteração anterior, pode ter um efeito ascendente ou descendente. Detalharemos, a seguir, como elas funcionam.

O **sustenido** é a alteração ascendente que eleva a altura de uma nota natural em um semitom.

Figura 2.1 – Sustenido

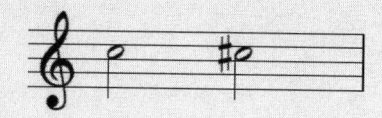

O **dobrado sustenido** é a alteração ascendente que eleva a altura de uma nota natural em um tom (ou dois semitons).

Figura 2.2 – Dobrado sustenido

O **bemol** é a alteração descendente que abaixa a altura de uma nota natural em um semitom.

Figura 2.3 – Bemol

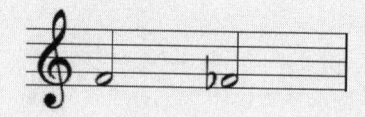

O **dobrado bemol** é a alteração descendente que abaixa a altura de uma nota natural em um tom (ou dois semitons).

Figura 2.4 – Dobrado bemol

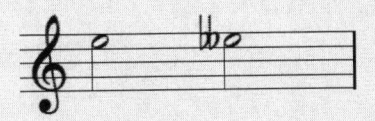

O **bequadro** é a alteração variável que cancela as alterações anteriores. Ele pode ser uma alteração descendente quando é inserido após alterações ascendentes (sustenidos ou dobrado sustenidos).

Figura 2.5 – Bequadro descendente

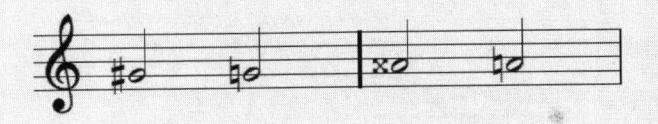

O bequadro é uma alteração ascendente quando inserido após alterações descendentes (bemóis ou dobrados bemóis):

Figura 2.6 – Bequadro ascendente

> **Importante!**
>
> Quando se faz referência a uma nota alterada, primeiramente se diz o nome da nota e, em seguida, a alteração. Na pauta anterior, há, no primeiro compasso, por exemplo, Dó bemol e Dó bequadro. No entanto, na escrita, o acidente deve ser **sempre** grafado na pauta **antes** da nota que será alterada. Se escrito depois da nota, ele não tem valor sobre ela.

Embora sustenidos sejam alterações ascendentes e bemóis sejam alterações descendentes, existem situações em que o sustenido pode ter um efeito descendente, assim como o bemol pode ter um efeito ascendente.

Figura 2.7 – Sustenido descendente

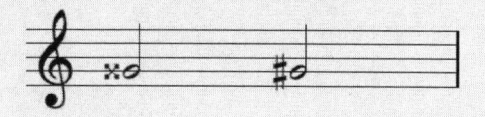

Nesse caso, há uma nota com uma alteração dobrada (dobrado sustenido) que eleva a altura da nota em dois semitons (ou um tom). Em seguida, há a alteração simples (sustenido), que eleva a altura da nota em um semitom. Assim, o sustenido, apesar de ser uma alteração ascendente, tem um efeito descendente, pois a alteração anterior eleva a altura da nota em um semitom a mais. Com relação à nota natural, o sustenido continua elevando a altura em um semitom, mas, no contexto em que está inserido, ele acaba tendo efeito descendente.

Com bemóis também pode ocorrer essa situação interessante. Confira:

Figura 2.8 – Bemol ascendente

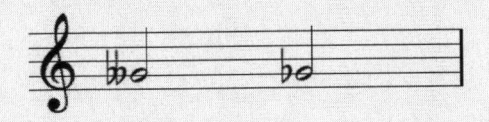

O raciocínio é o mesmo. A primeira nota tem uma alteração dobrada (dobrado bemol), rebaixando a altura da nota em dois semitons. Em seguida, o bemol rebaixa a altura da nota em um semitom. O bemol, então, acaba tendo um efeito ascendente no contexto em que se encontra.

Semitons

Os semitons podem ser divididos e classificados em ascendentes ou descendentes, cromáticos ou diatônicos.

Os semitons são ascendentes quando a primeira nota é mais grave do que a segunda, e são descendentes quando a primeira nota é mais aguda do que a segunda. De maneira inversa, são ascendentes quando a segunda nota é mais aguda do que a primeira, e são descendentes quando a segunda nota é mais grave do que a primeira.

Semitons **cromáticos** são aqueles em que as notas têm o mesmo nome, mas pelo menos uma delas carrega uma alteração. A palavra *cromático* deriva do grego *khroma*, que se relaciona com "cor". Imagine que há variações em uma mesma cor, resultando em tonalidades diferentes. É o que acontece na noção de cromatismo em música – as notas cromáticas emprestam um "colorido" musical diferente às notas naturais. Todavia, o nome da nota é sempre o mesmo, caso contrário não há cromatismo. Por exemplo: Dó e Dó sustenido, Ré bemol e Ré bequadro, Lá dobrado sustenido e Lá sustenido etc. O importante a ser observado é que a nota (independentemente da alteração) precisa ser sempre a mesma.

Na pauta a seguir, há dois exemplos de semitons cromáticos ascendentes. No primeiro compasso, consta uma nota natural seguida de uma alteração ascendente, e, no segundo compasso, uma nota com alteração descendente seguida de uma nota natural (bequadro).

Figura 2.9 – Semitons cromáticos ascendentes

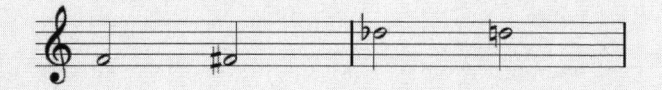

No próximo exemplo, há dois semitons cromáticos descendentes. Há uma nota natural seguida de uma alteração descendente no primeiro compasso, e uma nota com alteração ascendente seguida de uma nota natural (bequadro) no segundo compasso.

Figura 2.10 – Semitons cromáticos descendentes

Também se pode formar semitons com alterações dobradas conforme representado nas Figuras 2.11 e 2.12.

Figura 2.11 – Semitons cromáticos ascendentes com alterações dobradas

Figura 2.12 – Semitons cromáticos descendentes com alterações dobradas

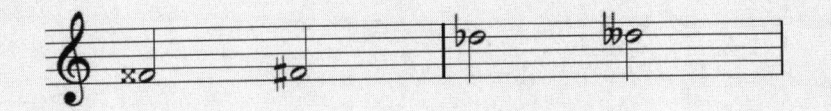

Chamamos a atenção para uma situação que pode gerar um erro comum na escrita dos semitons. Quando escrevemos uma alteração, a nota alterada permanece alterada até que:

- ocorra uma barra de compasso;
- ou ocorra um bequadro.

Em um mesmo compasso, havendo uma alteração, todas as notas (de mesma altura) permanecem alteradas. Então:

Figura 2.13 – Alterações no mesmo compasso

Não havendo barra de compasso ou um bequadro, o segundo Fá permanece sustenizado, portanto, **não há semitom**.

Neste caso, há um semitom cromático descendente. Entre o Fá sustenido e o Fá natural **há um semitom**.

Semitons **diatônicos** são formados por sons sucessivos (graus conjuntos), ou seja, notas diferentes. Existem inúmeras possibilidades de formarmos semitons diatônicos, como:

- Dó e Ré bemol – semitom diatônico ascendente;
- Sol bemol e Fá – semitom diatônico descendente;
- Mi sustenido e Fá – semitom diatônico ascendente;
- Sol e Fá sustenido – semitom diatônico descendente.

Observe, na pauta a seguir, exemplos de semitons diatônicos: descendente (compasso 1) e ascendente (compasso 2).

Figura 2.14 – Semitons diatônicos

Por fim, os semitons **naturais** são aqueles formados por notas naturais sucessivas, mas que guardam entre si uma distância de semitom. Os semitons naturais são encontrados entre as notas Mi e Fá e entre Si e Dó. Observando um teclado, fica fácil perceber onde eles se localizam.

Figura 2.15 – Teclado

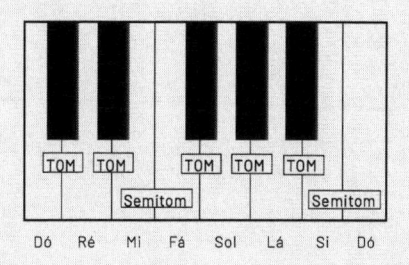

```
      Dó  Ré  Mi  Fá  Sol  Lá  Si  Dó
```
[TOM] [TOM] [TOM] [TOM] [TOM]
   [Semitom]   [Semitom]

Por serem formados por notas diferentes em graus conjuntos, os semitons naturais também são considerados diatônicos.

2.1.2 Intervalos

Se buscarmos nos dicionários definições para *intervalo*, verificaremos que o termo se refere a um lapso de tempo que ocorre entre dois momentos, podendo referir-se, também, a uma interrupção. O espaço de tempo compreendido entre duas aulas em um colégio, por exemplo, é chamado de *intervalo*. Em matemática, a noção de intervalo se relaciona com representações de conjuntos e subconjuntos. Intervalo também pode ser considerado um espaço ou uma distância entre dois pontos, e esta talvez seja a definição mais próxima daquela que se aplica aos intervalos musicais, que podem ser definidos como a distância entre duas frequências ou, mais especificamente, a diferença de altura entre dois sons musicais ou a relação existente entre duas alturas (Med, 1996).

Os intervalos entre duas notas musicais podem ser melódicos ou harmônicos, ascendentes ou descendentes, simples ou compostos.

Intervalos **melódicos** são formados por notas sucessivas (uma nota depois da outra), e intervalos **harmônicos** são formados por notas simultâneas (notas juntas).

Figura 2.16 – Intervalo harmônico e melódico

Intervalo harmônico　　　Intervalo melódico

Os intervalos melódicos podem ser **ascendentes** (a primeira nota é mais grave do que a segunda) ou **descendentes** (a segunda nota é mais grave do que a primeira).

Figura 2.17 – Intervalo ascendente e descendente

Intervalo ascendente　　　Intervalo descendente

Intervalos **simples** são os que não ultrapassam o limite de uma oitava, e intervalos **compostos** ultrapassam a oitava.

Figura 2.18 – Intervalo simples e composto

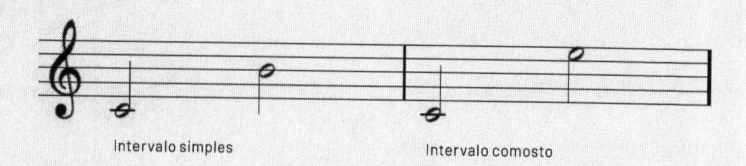

Intervalo simples　　　Intervalo comosto

Os intervalos podem ser classificados numericamente ou qualitativamente. A classificação **numérica** é muito simples, porque considera apenas o número de notas que está presente no intervalo. Assim, um intervalo de 2ª contém duas notas, um intervalo de 4ª contém quatro notas, um intervalo de 7ª contém sete notas etc. Na contagem, é necessário levar em consideração todas as notas do intervalo, incluindo a nota de partida e a nota de chegada.

No exemplo a seguir, há um intervalo melódico ascendente formado pelas notas Fá e Dó. Para classificarmos esse intervalo numericamente, basta contar o número de notas do intervalo, conforme mostra a Figura 2.19.

Figura 2.19 – Intervalo ascendente

Fá Sol Lá Si Dó
1   2   3 4 5

São cinco notas. Logo, há ali um **intervalo de 5ª**. A classificação numérica é bem simples de ser realizada.

Confira um exemplo de intervalo descendente, formado pelas notas Sol e Ré:

Figura 2.20 – Intervalo descendente

Sol Fá Mi Ré
1   2 3 4

Da mesma forma, fazemos a contagem das notas, de modo descendente, e percebemos que existem quatro notas no intervalo. Há, então, um **intervalo de 4ª**.

> ## Importante!
>
> É comum que a contagem das notas de um intervalo se faça de forma ascendente, pela maior facilidade com a forma ascendente da escala. Isso pode ser feito também nos intervalos descendentes, mas é preciso muita atenção para que a contagem seja feita corretamente, ou seja, partindo sempre da nota mais grave para a nota mais aguda.
>
> Se, no intervalo descendente da figura anterior, se decidir contar as notas de maneira ascendente, deve-se partir da nota mais grave (a segunda nota - Ré) e caminhar até a nota mais aguda (a primeira nota - Sol). Dessa forma, encontram-se Ré - Mi - Fá - Sol (quatro notas) formando um intervalo de 4ª, do mesmo modo que Sol - Fá - Mi - Ré, como fizemos no exemplo.
>
> O que não pode ocorrer é partirmos da nota mais aguda para a mais grave em contagem ascendente. Se forem contados Sol - Lá - Si - Dó - Ré, encontra-se um intervalo de 5ª, que é, na verdade, a inversão do intervalo que se pretende classificar. Muita atenção para esse ponto, que é um erro bastante comum!

Observe que a classificação numérica considera apenas o número de notas do intervalo, sem considerar as alterações que porventura ocorrem. Numericamente, os intervalos com as mesmas notas são sempre iguais, porque a classificação numérica não leva em consideração o número de tons e/ou semitons do intervalo. Por essa razão, todos os intervalos do exemplo a seguir são **intervalos de 3ª**, pois têm três notas em sua formação. Numericamente, não há diferença entre eles.

Figura 2.21 – Intervalos de 3ª

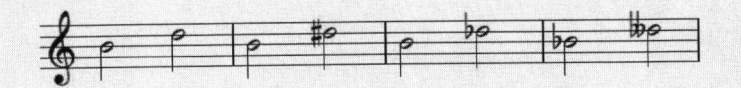

A segunda etapa na análise de um intervalo envolve a classificação **qualitativa**. Então, nesse caso, é preciso levar em consideração o número de tons e semitons que o intervalo contém para qualificá-lo. A qualificação não deixa de considerar a classificação numérica, mas analisa o intervalo de modo mais específico, determinando exatamente qual intervalo está sendo analisado.

Para qualificar o intervalo, é necessário lembrar que existem dois tipos: os intervalos justos (que também podem ser chamados de *perfeitos*), e os intervalos maiores ou menores.

Os intervalos de 1ª, 4ª, 5ª e 8ª são intervalos **justos**.

Os intervalos de 2ª, 3ª, 6ª e 7ª são intervalos **maiores** ou **menores**.

É interessante fazermos uma observação sobre os intervalos de 1ª, porque, apesar de serem corriqueiros, sua classificação ainda gera algumas dúvidas. Há quem nem os considere intervalos. De qualquer modo, a expressão *intervalo de 1ª* designa um intervalo entre duas notas iguais, como, por exemplo: Sol e Sol; Mi e Mi; Si e Si etc.

Para facilitar a qualificação dos intervalos, há uma estratégia bastante útil. Em uma escala diatônica maior, todos os intervalos ascendentes formados com a tônica são sempre maiores ou justos.

Essa definição permite saber exatamente quantos tons e semitons tem cada intervalo. Adiante, quando tratarmos das escalas, apresentaremos com bastante clareza essa relação. Por ora, relembremos a relação de tons e semitons na escala de Dó Maior, que não tem alterações (sustenidos ou bemóis) em sua formação.

Figura 2.22 – Escala maior

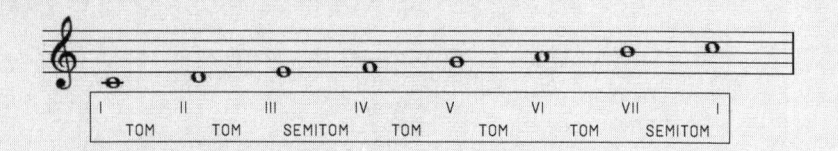

I	II	III	IV	V	VI	VII	I
TOM	TOM	SEMITOM	TOM	TOM	TOM	SEMITOM	

Aqui, formaremos intervalos ascendentes com a nota Dó, tomando-a como tônica da escala. A cada intervalo formado, observemos o número de tons e semitons, sem esquecer o disposto no quadro a seguir.

Quadro 2.1 – Classificação de intervalos

Intervalos justos	1ª, 4ª, 5ª e 8ª
Intervalos maiores ou menores	2ª, 3ª, 6ª e 7ª

Figura 2.23 – Intervalo de 1ª justa

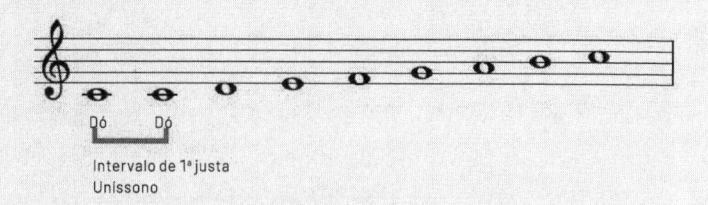

Dó Dó
Intervalo de 1ª justa
Uníssono

Figura 2.24 – Intervalo de 2ª maior

Dó Ré
Intervalo de 2ª maior
1 tom

Figura 2.25 – Intervalo de 3ª maior

Dó Mi
Intervalo de 3ª maior
2 tons

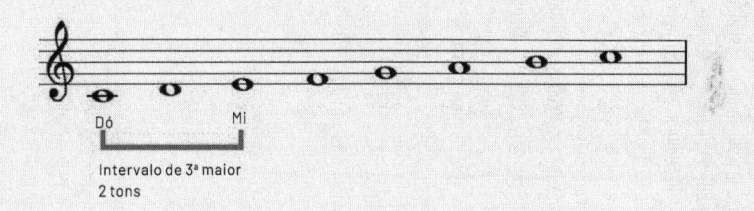

Figura 2.26 – Intervalo de 4ª justa

Dó Fá
Intervalo de 4ª justa
2 tons e 1 semitom

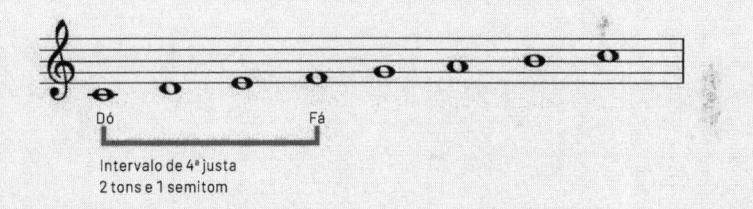

Figura 2.27 – Intervalo de 5ª justa

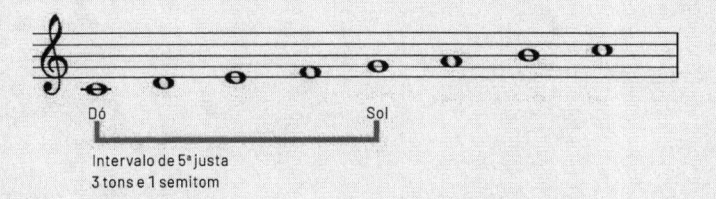

Dó Sol
Intervalo de 5ª justa
3 tons e 1 semitom

Figura 2.28 – Intervalo de 6ª maior

Dó — Lá
Intervalo de 6ª maior
4 tons e 1 semitom

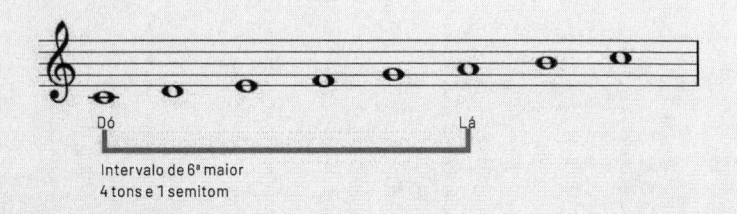

Figura 2.29 – Intervalo de 7ª maior

Dó — Si
Intervalo de 7ª maior
5 tons e 1 semitom

Figura 2.30 – Intervalo de 8ª justa

Dó — Dó
Intervalo de 8ª justa
6 tons

Reiteramos que os intervalos justos não podem ser maiores ou menores e vice-versa, valendo o que está expresso no Quadro 2.2.

Quadro 2.2 – Intervalos justos e maiores

Justos	Maiores
1ªJ – Uníssono	2ªM – 1 tom
4ªJ – 2 tons e 1 semitom	3ªM – 2 tons

(continua)

(Quadro 2.2 - conclusão)

Justos	Maiores
5ªJ - 3 tons e 1 semitom	6ªM - 4 tons e 1 semitom
8ªJ - 5 tons e 2 semitons (ou 6 tons)	7ªM - 5 tons e 1 semitom

Aqui, está indicada a dimensão de todos os intervalos (simples) maiores e justos. Contudo, existem outros tipos de intervalos, que são os menores, os diminutos e os aumentados. Eles são obtidos da seguinte forma:

- intervalos maiores dos quais se retira um semitom cromático tornam-se menores;
- intervalos menores aos quais se acrescenta um semitom cromático tornam-se maiores;
- intervalos justos ou maiores aos quais se acrescenta um semitom cromático tornam-se aumentados;
- intervalos justos ou menores dos quais se retira um semitom cromático tornam-se diminutos.

Com essas considerações, podemos formar o Quadro 2.3.

Quadro 2.3 - Dimensão dos intervalos justos e maiores

Intervalo	Justo	Maior
1ª	Uníssono	-
2ª	-	1 T
3ª	-	2 T
4ª	2T e 1st	-
5ª	3T e 1st	-
6ª	-	4T e 1st
7ª	-	5T e 1st
8ª	5T e 2st	-

Considerando o quadro anterior, podemos ampliá-lo e construir um quadro com todas as possibilidades de intervalos simples com a dimensão (número de tons e semitons) de cada um deles. Observe: na direção do diminuto para o aumentado, acrescentamos um semitom a cada coluna, e no sentido contrário (do aumentado para o diminuto), retiramos um semitom a cada coluna percorrida.

As colunas em branco (-) são as que não podem ser preenchidas por aquele tipo de intervalo. Se o intervalo é justo (1ª, 4ª, 5ª, 8ª), nunca poderá ser maior ou menor. Da mesma forma, um intervalo maior ou menor (2ª, 3ª, 6ª, 7ª) nunca poderá ser justo. Todos poderão tornar-se aumentados ou diminutos pelo acréscimo ou decréscimo de semitons, conforme detalhamos no quadro a seguir.

Quadro 2.4 - Dimensão dos intervalos simples

Intervalo	Diminuto	Menor	Justo	Maior	Aumentado
	←———— -1st			+1st ————→	
1ª	-	-	Uníssono	-	1st
2ª	Uníssono	1st	-	1T	1T e 1st
3ª	1T	1T e 1st	-	2 Tons	2T e 1st
4ª	2T	-	2T e 1st	-	3T
5ª	3T	-	3T e 1st	-	4T
6ª	3T e 1st	4T	-	4T e 1st	5T
7ª	4T e 1st	5T	-	5T e 1st	6T
8ª	5T e 1st	-	5T e 2st	-	6T e 1st

Agora, analisemos alguns intervalos para treinar o que expusemos até aqui. Faremos, então, a análise do intervalo formado entre as notas Mi e Lá.

Figura 2.31 – Intervalo Mi – Lá

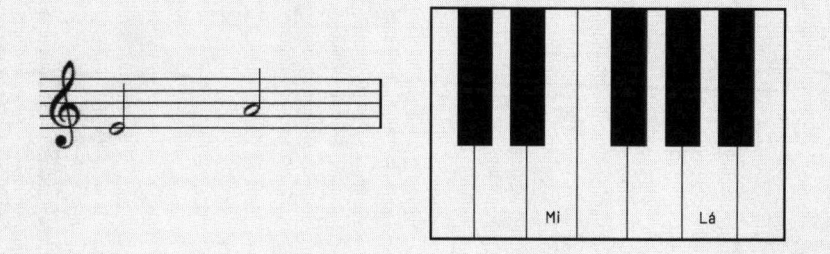

O que é preciso fazer inicialmente? Determinar a **classificação numérica** do intervalo. Há quatro notas (Mi, Fá, Sol e Lá), portanto, trata-se de um intervalo de **4ª**.

Em seguida, deve-se contar o número de tons e semitons presentes no intervalo. Para isso, o teclado pode ser de grande ajuda, pois permite uma melhor visualização. Entre Mi e Lá, há dois tons e um semitom (cada tecla vizinha no teclado equivale a um semitom). Se observarmos o Quadro 2.4, na linha referente aos intervalos de 4ª, temos que:

- a 4ª dim tem dois tons em sua formação;
- a 4ª J tem dois tons e um semitom em sua formação;
- a 4ª aum tem três tons em sua formação;
- logo, Mi – Lá é uma **4ª justa** (2T e 1st).

Outra possibilidade é lembrar a escala, como comentamos anteriormente. Na escala de Dó (escala-modelo), há entre Dó e Fá um intervalo de 4ª, que é justo e tem dois tons e um semitom. Seja qual for o método adotado, uma 4ª justa será sempre formada por quatro notas e terá sempre a dimensão de dois tons e um semitom.

E se alterarmos uma das notas do intervalo? Ele vai deixar de ser uma 4ª? Vale analisar!

Figura 2.32 – Intervalo Mi – Lá#

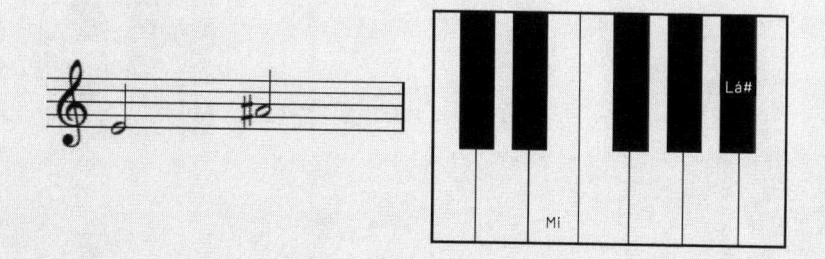

Eis um intervalo formado pelas notas Mi e Lá#. As notas são as mesmas, independentemente da alteração inserida. Não podemos esquecer que a **classificação numérica é prioritária**. Segue havendo um intervalo de 4ª.

Ao contarmos os tons e os semitons presentes no intervalo, encontramos três tons. Que tipo de 4ª é essa, com três tons em sua formação?

Acrescentamos um semitom à 4ª justa e temos, portanto, um intervalo com três tons. Se observarmos mais uma vez o Quadro 2.4, veremos que uma 4ª com três tons é uma **4ª aumentada**.

E se a alteração ascendente (sustenido) fosse inserida na nota mais grave? O intervalo continuaria sendo aumentado? Vamos conferir!

Figura 2.33 – Intervalo Mi# – Lá

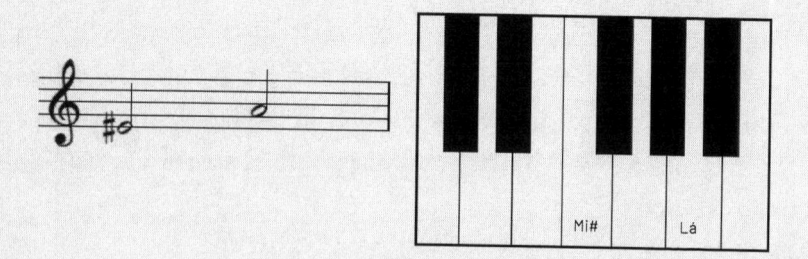

A classificação numérica é a mesma. Quatro notas, intervalo de 4ª. Mas o que o sustenido na nota mais grave fez com o intervalo? Aumentou ou diminuiu?

Contando os tons e os semitons, encontramos uma 4ª com dois tons. Observe o Quadro 2.4 mais uma vez. Note que uma 4ª com dois tons é uma **4ª diminuta**.

Podemos inferir duas informações muito relevantes:

- sustenido na nota mais aguda **aumenta** o intervalo;
- sustenido na nota mais grave **diminui** o intervalo.

Agora, apliquemos uma alteração descendente ao intervalo. Haverá mudanças na classificação? Vamos analisar.

Figura 2.34 – Intervalo Mi – Láb

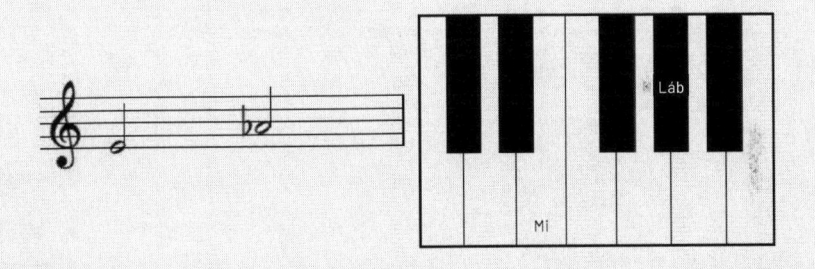

Sem alterações na classificação numérica. Quatro notas, intervalo de 4ª. Essa 4ª, formada por Mi e Láb, tem dois tons. A 4ª com dois tons é uma **4ª diminuta**. Confira no Quadro 2.4.

E se a alteração for na nota mais grave?

Figura 2.35 – Intervalo Mib – Lá

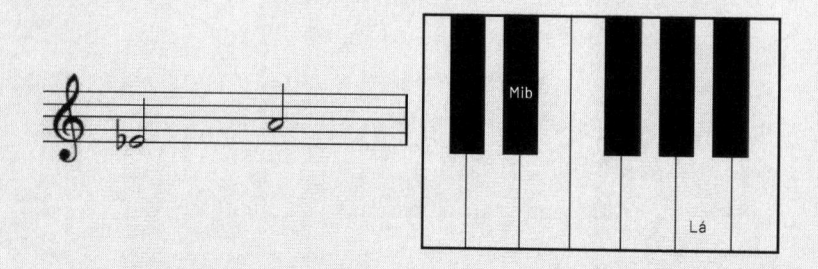

Continuamos com o intervalo de 4ª. Agora, trata-se de uma 4ª com três tons. A 4ª com três tons, como já verificamos, é uma **4ª aumentada**.

Podemos, então, observar mais duas informações importantes, exatamente opostas às informações que aprendemos com as alterações ascendentes. No caso das alterações descendentes:

- bemol na nota mais aguda **diminui** o intervalo;
- bemol na nota mais grave **aumenta** o intervalo.

Inversão de intervalos

Quando mudamos a nota mais grave do intervalo para uma 8ª acima, ou mudamos a nota mais aguda do intervalo para uma 8ª abaixo, estamos fazendo uma **inversão de intervalo**.

Figura 2.36 – Inversão de intervalos

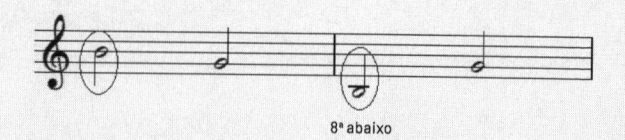

8ª abaixo

No primeiro compasso, há um intervalo de **3ª** (formado por três notas: Si – Lá – Sol) **maior** (dois tons) **descendente** (a primeira nota é mais aguda do que a segunda).

Ao transportarmos a nota mais aguda do intervalo para uma 8ª abaixo, obtemos a inversão desse intervalo. Analisando o intervalo invertido, constatamos que se trata de uma **6ª** (seis notas: Si – Dó – Ré – Mi – Fá – Sol) **menor** (quatro tons) **ascendente** (a primeira nota é mais grave do que a segunda).

Podemos notar que a inversão do intervalo altera sua classificação numérica e pode alterar sua qualificação, da seguinte forma:

- intervalos maiores, invertidos, tornam-se menores;
- intervalos menores, invertidos, tornam-se maiores;
- intervalos diminutos, invertidos, tornam-se aumentados;
- intervalos aumentados, invertidos, tornam-se diminutos;
- intervalos justos, invertidos, permanecem justos.

Quanto à classificação numérica, a soma dos intervalos invertidos será sempre igual a nove. No exemplo dado, há uma 3ª, que, invertida, tornou-se uma 6ª (3 + 6 = 9).

Confira, a seguir, algumas dicas facilitadoras para a análise dos intervalos:

- Todos os intervalos de 4ª ou de 5ª que são formadas por notas naturais ou por notas com alterações iguais são justos. Existem apenas duas exceções: Fá – Si, que é uma 4ª aumentada, e Si – Fá, que é uma 5ª diminuta. Por exemplo: Mi – Si (5ª justa), Mib – Sib (5ª justa, formada por notas com alterações iguais), Mi# – Si# (5ª justa) etc.
- Os intervalos de 6ª e 7ª formados por notas naturais serão maiores quando tiverem um semitom natural em sua formação e menores

quando tiverem dois semitons naturais em sua formação. Por exemplo: Lá – Fá é uma 6ª menor, pois, em sua formação, estão presentes os semitons naturais Si – Dó e Mi – Fá. Já o intervalo Dó – Lá é uma 6ª maior, pois só encontramos o semitom natural Mi – Fá em sua formação.

Convém treinar a análise de intervalos. Veja os intervalos a seguir e realize a análise de cada um deles (sem olhar o gabarito!). Em seguida, confira suas respostas para verificar se você compreendeu bem o assunto. No primeiro compasso, a figura já contém um exemplo de resposta.

Figura 2.37 – Exercícios com intervalos

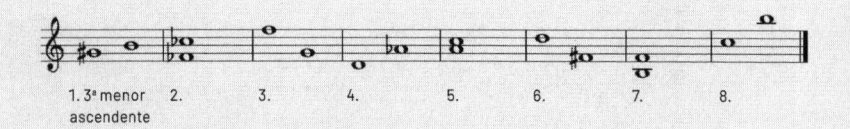

1. 3ª menor ascendente 2. 3. 4. 5. 6. 7. 8.

Conseguiu analisar todos eles? Confira, então, suas respostas:

Figura 2.38 – Gabarito do exercício da Figura 2.37

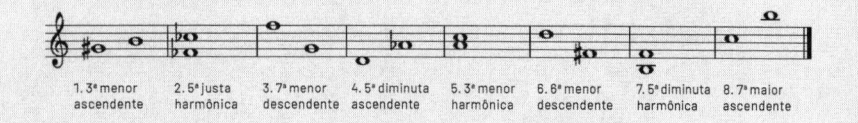

1. 3ª menor ascendente
2. 5ª justa harmônica
3. 7ª menor descendente
4. 5ª diminuta ascendente
5. 3ª menor harmônica
6. 6ª menor descendente
7. 5ª diminuta harmônica
8. 7ª maior ascendente

2.2 Escalas maiores

Uma escala diatônica é uma sequência de oito sons conjuntos, ou seja, sons sucessivos, com um intervalo de tom ou semitom entre eles, sendo o último som uma repetição do primeiro. A escala diatônica é formada por cinco tons e dois semitons. Sobre esse tipo de escala, Med (1996, p. 86) esclarece: "A palavra 'dia' (do grego) significa 'através', 'entre'. A palavra 'diatônico' (do grego) significa 'através da sucessão de tons'. *Diaton* (do grego) é o intervalo que separa duas notas conjuntas não cromáticas".

Cada uma das notas de uma escala é chamada de *grau*. Esses graus são numerados por algarismos romanos, sendo a primeira nota da escala o I grau, a segunda nota, o II grau, e assim sucessivamente.

Na escala de Dó Maior, existem os graus indicados na Figura 2.39.

Figura 2.39 – Escala de Dó Maior

Nas escalas maiores, como já informamos ao versar sobre os intervalos, há a seguinte organização de tons e semitons:

- entre o I e II grau: TOM
- entre o II e III grau: TOM
- entre o III e IV grau: SEMITOM
- entre o IV e o V grau: TOM
- entre o V e o VI grau: TOM

- entre o VI e o VII grau: TOM
- entre o VII e o I grau: SEMITOM

> **Importante!**
>
> Não existe um "oitavo grau" na escala. São sete notas, sete graus. O oitavo som é uma repetição do primeiro, para a finalização da escala, uma vez que o VII grau "chama" o I – detalharemos isso mais adiante.

2.3 Escalas menores

A principal característica das escalas diatônicas menores é o intervalo de 3ª menor formado entre o I e o III graus.

As escalas menores são independentes das escalas maiores. O modo menor é independente do maior, mas, para facilitar o estudo dessas escalas, é comum compará-las com as escalas maiores. "Para cada escala maior, existe uma escala menor, formada com as mesmas notas, porém com tônicas diferentes" (Med, 1996, p. 133).

Quando duas escalas de modos diferentes (uma do modo maior e outra do modo menor) têm a mesma armadura de clave, chamamos essas escalas de *escalas relativas*. Encontrar a escala relativa menor de determinada escala maior é muito simples. O VI grau da escala maior coincide com a tônica da escala menor. Observe:

Figura 2.40 – Tônicas das escalas relativas

Dó	Ré	Mi	Fá	Sol	Lá	Si	Dó
I	II	III	IV	V	VI	VII	I
Tônica da escala maior					Tônica da escala menor		

Figura 2.41 – Escalas relativas

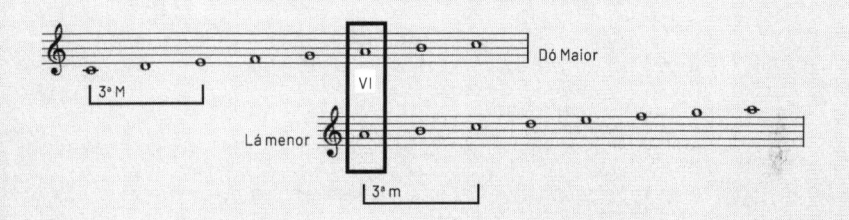

2.3.1 Formas natural, harmônica e melódica

A forma natural da escala menor não tem alterações diferentes de sua armadura de clave. Entretanto, ela acarreta um problema em relação à harmonia tonal – um estilo harmônico usado em composições entre 1650 até 1900 aproximadamente. Contudo, não é correto afirmar que a harmonia tonal está limitada a esse período, já que muito antes de 1650 ela já se mostrava presente e permanece viva atualmente na maioria das músicas que ouvimos em rádios e aplicativos. Grande parte da música popular também está baseada na harmonia tonal (Kostka; Payne, 2012).

E por que a escala menor natural conflita com a harmonia tonal?

Porque a escala menor natural é uma escala que, diferentemente da escala maior, não apresenta uma característica tonal muito importante: ela não tem o poder de atração para a tônica da escala, que é o I grau, e tem, no sistema tonal, uma importância maior do que os demais graus. Quando encontramos o VII grau distante da tônica por um intervalo de semitom, esse VII grau chama-se *sensível*, com poder de atração para o I grau (a tônica). Experimente cantar a escala de Dó Maior e pará-la no Si (VII grau). A finalização da escala, mesmo que não seja cantada, "soa" em nossa mente, pela atração VII – I.

Na escala menor natural, não há a sensível, porque o VII grau está distante da tônica por um intervalo de tom e, nesse caso, é chamado de *subtônica*. Por essa razão, a escala menor natural recebe uma alteração ascendente no VII grau que vai transformar a subtônica em sensível; além disso, é a escala menor mais utilizada na harmonia tonal, sendo, portanto, chamada de **escala menor harmônica**.

Observe a figura a seguir:

Figura 2.42 – Lá menor natural

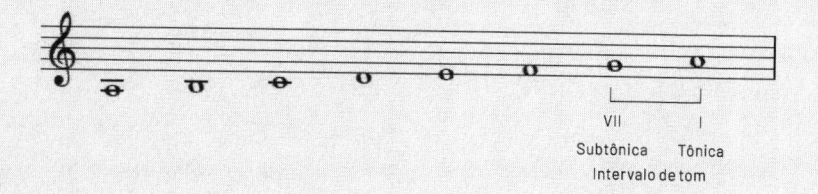

Perceba a distância de um tom entre o VII e o I grau, enfraquecendo o poder de atração que leva para a tônica. A alteração ascendente no VII grau resolve a questão da seguinte forma:

Figura 2.43 – Lá menor harmônica

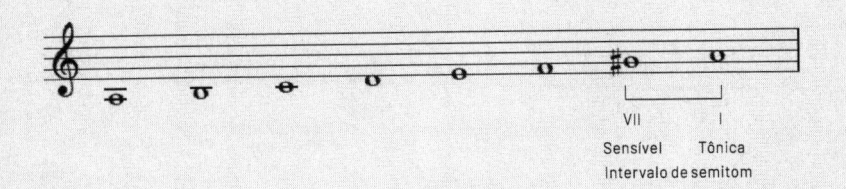

```
                                    VII      I
                                Sensível  Tônica
                                Intervalo de semitom
```

Essa alteração ascendente no VII grau não é grafada na armadura de clave, mas sempre ao lado do VII grau, como alteração ocorrente. A elevação do VII grau resolve o problema harmônico e cria um intervalo que é a principal característica das escalas menores harmônicas – o intervalo de 2ª aumentada entre o VI e o VII graus.

Figura 2.44 – 2ª aumentada

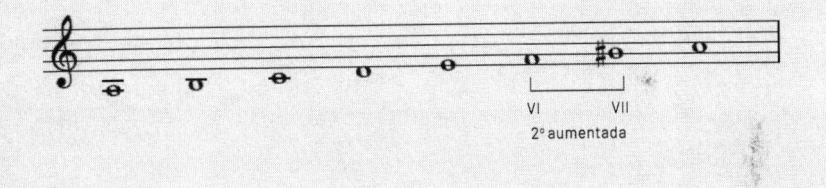

```
                                    VI      VII
                                   2ª aumentada
```

Sendo a música da época predominantemente vocal, a prática musical mostrou que o intervalo de 2ª aumentada era difícil de ser entoado de maneira precisa (Dudeque, 2003a). Para resolver esse problema melódico, foi introduzida mais uma alteração na escala: a elevação do VI grau, também em um semitom. No movimento descendente da escala, entretanto, cancelam-se as alterações de VI e VII graus, e a escala reassume a forma natural.

Figura 2.45 – Lá menor melódica (ascendente e descendente)

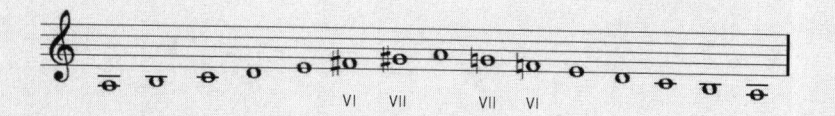

A escala menor melódica deve ser sempre escrita em movimento ascendente e descendente, por serem movimentos diferentes.

As escalas menores, portanto, assumem três formas diferentes, que são:

1. **forma natural** – sem alterações diferentes da armadura de clave;
2. **forma harmônica** (mais utilizada) – alteração ascendente no VII grau no movimento ascendente e descendente da escala;
3. **forma melódica** – alteração ascendente no VI e VII graus no movimento ascendente e cancelamento dessas alterações no movimento descendente (volta à forma natural).

É preciso prestar muita atenção nas alterações ascendentes de VII grau. Nem sempre as alterações ascendentes são sustenidos. Atenção:

- se a nota é **natural**, a alteração ascendente é um **sustenido**;
- se a nota é **sustenizada**, a alteração ascendente é um **dobrado sustenido**;
- se a nota é **bemolizada**, a alteração ascendente é um **bequadro**.

Vejamos alguns exemplos.

Escala de Si menor, forma melódica

A escala de Si menor é relativa de Ré Maior. Há, então, dois sustenidos na armadura, Fá e Dó. Na forma melódica, ela tem, no movimento ascendente, alterações ascendentes no VI e VII graus. No movimento descendente, volta à forma natural:

Figura 2.46 – Si menor melódica

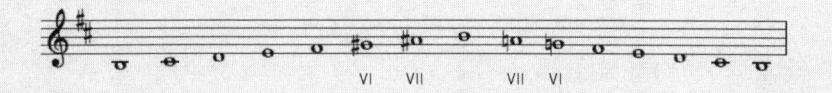

Observe que o VI e VII graus da escala são naturais, logo, as alterações usadas são sustenidos, elevando em 1st o VI e o VII graus. No movimento descendente, o bequadro cancela os sustenidos inseridos no movimento ascendente.

Escala de Dó menor, forma harmônica

A escala de Dó menor é relativa de Mi bemol Maior, com três bemóis na armadura (Si, Mi e Lá). Na forma harmônica, tem alteração ascendente no VII grau.

Figura 2.47 – Dó menor harmônica

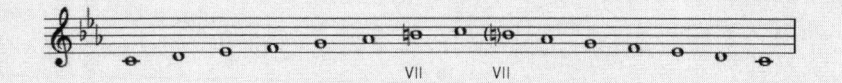

O VII grau da escala de Dó menor (Si), já se encontra bemolizado pela armadura de clave. Logo, a alteração ascendente é um bequadro, que cancela o bemol da armadura. No movimento descendente, a alteração de VII grau permanece. Como no exemplo não há barra de compasso, não seria necessário inserir novamente a alteração. Ela foi inserida como uma "alteração de prevenção", razão pela qual está entre parênteses.

Escala de Sol# menor, forma melódica

A escala de Sol# menor é relativa de Si Maior. Há cinco sustenidos na armadura (Fá, Dó, Sol, Ré e Lá). Na forma melódica, há, no movimento ascendente, alterações ascendentes no VI e VII graus. No movimento descendente, volta à forma natural:

Figura 2.48 – Sol# menor melódica

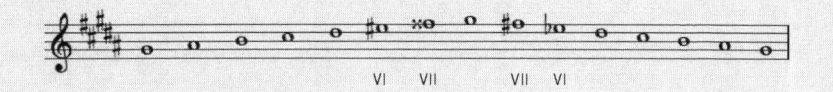

Nessa escala, há o VI grau (Mi) natural e o VII grau (Fá) sustenizado. Para inserir as alterações ascendentes, usa-se o sustenido para a nota natural, e o dobrado sustenido para a nota já sustenizada. No movimento descendente, voltamos à forma natural, com o VII grau (Fá) sustenizado pela armadura e o VI grau (Mi) natural.

A escala menor harmônica será a mais utilizada neste livro, que trata de princípios de harmonia tonal.

2.4 Tonalidade e armaduras de clave

A estrutura T -T - st - T - T - T - st é a estrutura de todas as escalas diatônicas maiores, e a escala-modelo (Dó Maior) possibilita formar todas as demais escalas, conforme veremos nas seções a seguir.

2.4.1 Escalas maiores: armaduras de clave

As escalas são extremamente importantes para o estudo da harmonia tonal. Nesta seção, analisaremos as escalas do modo maior, sendo uma escala-modelo (a escala de Dó Maior, que não tem alteração alguma em sua estrutura), sete escalas com sustenidos em sua formação e sete escalas com bemóis em sua formação.

Formação de escalas maiores com sustenidos

Primeiramente, dividimos a escala-modelo em duas partes – a primeira, que vai do grau I ao IV, e a segunda, que vai do grau V ao I.

Figura 2.49 – Formação de escalas maiores com sustenidos (1)

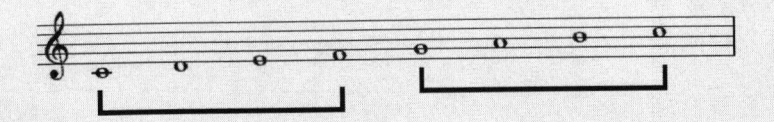

Em seguida, deslocamos a segunda parte da escala para a posição de primeira da nova escala.

Figura 2.50 – Formação de escalas maiores com sustenidos (2)

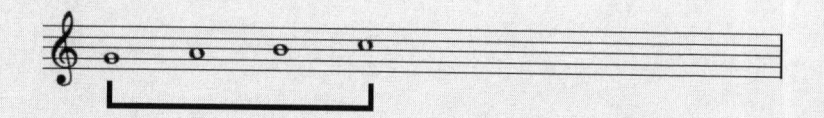

Completamos a escala com as notas que estão faltando:

Figura 2.51 – Formação de escalas maiores com sustenidos (3)

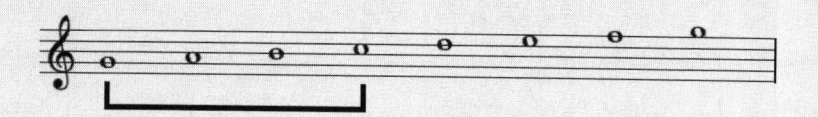

Por fim, alteramos o VII grau de maneira ascendente para que a escala formada tenha a mesma sequência de tons e semitons da escala original:

Figura 2.52 – Formação de escalas maiores com sustenidos (4)

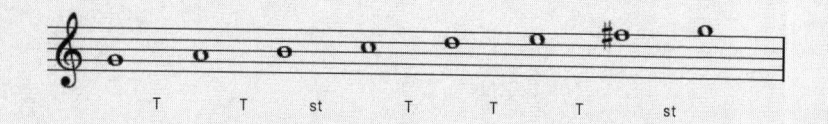

Assim chegamos à primeira escala com sustenidos, que é a escala de **Sol Maior**. O Fá sustenido não é grafado como alteração ocorrente (ao lado da nota); ele fica ao lado da clave, formando o que chamamos de **armadura de clave**.

Figura 2.53 – Primeira escala com sustenido: Sol Maior

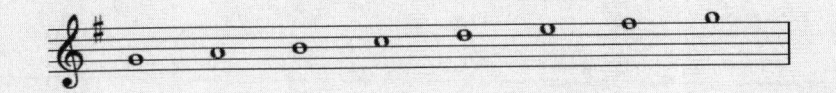

Haverá sete escalas formadas com sustenidos, e o processo será sempre o mesmo. Iniciamos uma nova escala a partir do segundo grupo de notas da escala anterior, que principia exatamente no V grau da escala. Assim, a formação das escalas segue um **ciclo de 5as justas**.

A escala de Dó Maior não tem alteração na armadura. A escala de **Sol Maior** tem **um sustenido** na armadura, que é o Fá sustenido. Qual será a próxima escala? Para responder, basta seguir o ciclo de 5as!

Se partirmos de Sol, contando uma 5ª justa acima, encontramos a nota Ré. **Ré Maior** tem, então, **dois sustenidos**. E que sustenidos são esses? O Fá sustenido, que já está na escala de Sol Maior, e o Dó sustenido (VII grau da escala de Ré Maior), que é inserido para manter a estrutura de tons e semitons inalterada.

Seguindo o ciclo de 5as, encontramos a próxima escala, que é a de **Lá Maior** com **três sustenidos** na armadura. Em seguida, **Mi Maior**, com **quatro sustenidos** na armadura, **Si Maior**, com **cinco sustenidos** na armadura. Agora, precisamos prestar atenção!

Os ciclos são sempre de 5as justas; então, precisamos lembrar que Si – Fá é uma 5ª diminuta (tem apenas três tons). Assim, para que esta 5ª seja justa, o Fá precisa ser sustenizado. A próxima escala será a escala de **Fá sustenido Maior** com **seis sustenidos**. Por último, há a sétima escala com sustenidos, que é a escala de **Dó sustenido Maior** (5ª justa acima de Fá sustenido), com **sete sustenidos**.

Quadro 2.5 – Armaduras de escalas maiores com sustenidos

Escala	Armadura	Alterações (#)
Dó Maior	–	–
Sol Maior	1#	Fá
Ré Maior	2#	Fá – Dó
Lá Maior	3#	Fá – Dó – Sol
Mi Maior	4#	Fá – Dó – Sol – Ré
Si Maior	5#	Fá – Dó – Sol – Ré – Lá
Fá# Maior	6#	Fá – Dó – Sol – Ré – Lá – Mi
Dó# Maior	7#	Fá – Dó – Sol – Ré – Lá – Mi – Si

Observe, ainda, que essas alterações não podem ser inseridas aleatoriamente na armadura de clave. As alterações têm uma linha ou um espaço corretos para sua inserção; do contrário, ficaria muito difícil fazer a leitura da armadura de clave. Confira, na Figura 2.54, como os sustenidos devem ser inseridos na armadura.

Figura 2.54 – Armaduras de escalas maiores com sustenidos

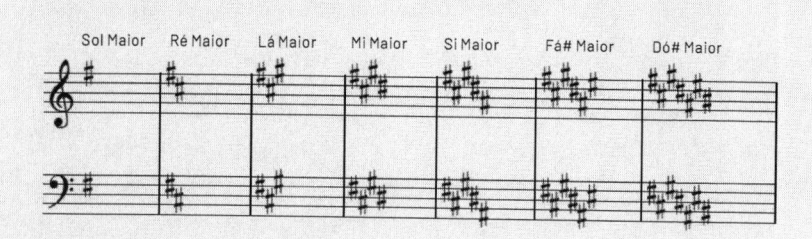

A ordem dos sustenidos na armadura também segue um ciclo de quintas:

Fá – Dó – Sol – Ré – Lá – Mi – Si

Formação de escalas maiores com bemóis

Partindo da escala-modelo – Dó Maior –, podemos formar também as escalas com bemóis, assim como fizemos com as escalas com sustenidos.

Mais uma vez, dividimos a escala de Dó Maior em duas partes. Escrevemos a escala uma 8ª acima para facilitar a colocação das notas da nova escala:

Figura 2.55 – Formação de escalas maiores com bemóis (1)

Em seguida, selecionamos a primeira parte da escala para ser a segunda parte de uma nova escala:

Figura 2.56 – Formação de escalas maiores com bemóis (2)

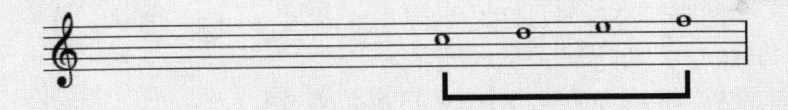

Completamos a escala com as notas que faltam:

Figura 2.57 – Formação de escalas maiores com bemóis (3)

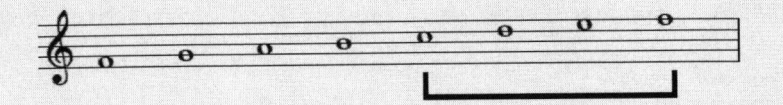

Por fim, alteramos o IV grau de maneira descendente para que a sequência de tons e semitons permaneça inalterada:

Figura 2.58 – Formação de escalas maiores com bemóis (4)

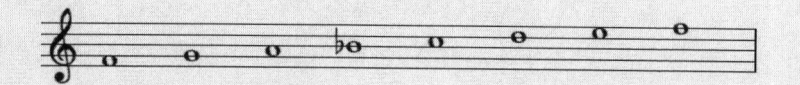

Assim, chegamos à primeira escala com bemóis, que é a escala de **Fá Maior**. O Si bemol não é grafado como alteração ocorrente, mas é indicado na **armadura de clave**:

Figura 2.59 – Formação de escalas maiores com bemóis (5)

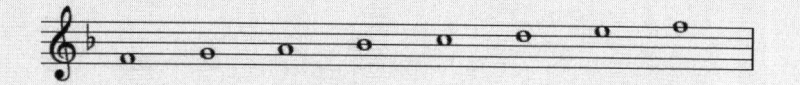

Podemos formar todas as escalas maiores com bemóis seguindo sempre o mesmo processo. A tônica da nova escala coincide com o IV grau da escala anterior. Dessa forma, observamos que a formação dessas escalas segue um **ciclo de 5as justas descendentes**.

A escala de Dó Maior não contém alteração na armadura. A escala de **Fá Maior** tem **um bemol** na armadura, que é o Si bemol. Qual será a próxima escala? Basta seguir o ciclo de **5as descendentes**.

Partindo da nota Fá, contando uma 5ª abaixo (Fá, Mi, Ré, Dó, Si), encontramos a nota Si. Mas atenção! Os ciclos são sempre de 5as justas, e não podemos esquecer que Fá – Si (descendente) é uma 5ª diminuta (três tons). Então, para que esta 5ª seja justa, o Si precisa ser bemolizado (bemol na nota mais grave aumenta o intervalo). A próxima escala será a escala de **Si bemol Maior** com **dois bemóis na armadura**. Quais são esses bemóis? O Si bemol, que já consta na escala de Fá Maior, e o Mi bemol (IV grau da escala de Si bemol), que é inserido para manter a estrutura de tons e semitons inalterada. A partir dessa escala (Si bemol Maior), as tônicas de todas as outras escalas com bemóis na armadura serão bemolizadas.

Qual é o próximo passo? Seguindo o ciclo de 5as descendentes, encontramos a escala seguinte, que é a de **Mi bemol Maior** com **três bemóis** na armadura. Em seguida, **Lá bemol Maior**, com **quatro bemóis** na armadura, **Ré bemol Maior**, com **cinco bemóis** na armadura; e, por último, a escala de **Dó bemol Maior**, com **sete bemóis**.

Quadro 2.6 – Armaduras de escalas maiores com bemóis

Escala	Armadura	Alterações (b)
Dó Maior	–	–
Fá Maior	1b	Si
Sib Maior	2b	Si – Mi
Mib Maior	3b	Si – Mi – Lá
Láb Maior	4b	Si – Mi – Lá – Ré
Réb Maior	5b	Si – Mi – Lá – Ré – Sol
Solb Maior	6b	Si – Mi – Lá – Ré – Sol – Dó
Dób Maior	7b	Si – Mi – Lá – Ré – Sol – Dó – Fá

Da mesma forma que ocorre com as escalas com sustenidos, os bemóis não podem ser inseridos aleatoriamente na armadura de clave, mas devem ser colocados na linha ou no espaço corretos para sua inserção.

Figura 2.60 – Armaduras de escalas maiores com bemóis

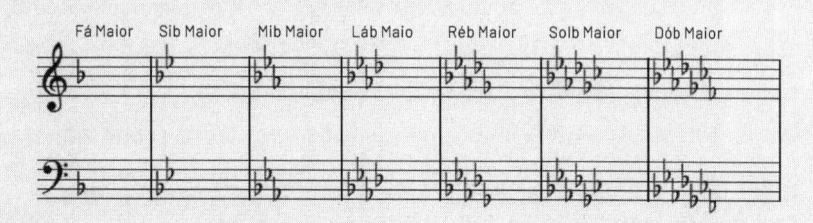

A ordem dos bemóis na escala segue um ciclo de 5as justas descendentes, ou seja, a ordem dos bemóis é a ordem inversa da ordem dos sustenidos:

> Si - Mi - Lá - Ré - Sol - Dó - Fá

2.4.2 Escalas menores: armaduras de clave

A formação das escalas menores também pode ser verificada observando-se um ciclo de 5as justas. Esse ciclo é ascendente nas escalas com sustenidos em sua formação, e é descendente nas escalas com bemóis em sua formação.

Assim, nas escalas menores, Lá menor é o modelo (escala menor formada apenas por notas naturais, sem nenhuma alteração). Partindo de Lá menor, podemos formar todas as escalas menores com sustenidos.

Quadro 2.7 – Armaduras de escalas menores com sustenidos

Escala	Armadura	Alterações (#)
Lá menor	-	-
Mi menor	1#	Fá

(continua)

(Quadro 2.7 - conclusão)

Escala	Armadura	Alterações (#)
Si menor	2#	Fá – Dó
Fá# menor	3#	Fá – Dó – Sol
Dó# menor	4#	Fá – Dó – Sol – Ré
Sol# menor	5#	Fá – Dó – Sol – Ré – Lá
Ré# menor	6#	Fá – Dó – Sol – Ré – Lá – Mi
Lá# menor	7#	Fá – Dó – Sol – Ré – Lá – Mi – Si

Nas escalas com bemóis, o ciclo de 5as é descendente. Assim, partindo da tônica (Lá), calculamos uma 5ª justa descendente (Lá, Sol, Fá, Mi, Ré) e chegamos à primeira escala menor com bemóis: Ré menor. Seguindo esse processo, podemos formar todas as escalas menores com bemóis.

Quadro 2.8 – Armaduras de escalas menores com bemóis

Escala	Armadura	Alterações (b)
Lá menor	–	–
Re menor	1b	Si
Sol menor	2b	Si – Mi
Dó menor	3b	Si – Mi – Lá
Fá menor	4b	Si – Mi – Lá – Ré
Sib menor	5b	Si – Mi – Lá – Ré – Sol
Mib menor	6b	Si – Mi – Lá – Ré – Sol – Dó
Láb menor	7b	Si – Mi – Lá – Ré – Sol – Dó – Fá

Como já assinalamos, as escalas menores existem de modo independente da maior. No entanto, como as armaduras de clave das escalas maiores já foram estudadas, é facilitador pensarmos na armadura da escala maior para encontrarmos a armadura de sua relativa menor.

Podemos observar a relação entre as tônicas de duas escalas relativas da seguinte forma:

Quadro 2.9 – Relações entre tônicas de escalas relativas

Partindo da **tônica da escala maior**	Indo até o **VI grau** da escala	Encontramos a **tônica da escala menor** relativa
	Aplicando um intervalo de **3ª m descendente**	Encontramos a **tônica da escala menor** relativa
Partindo da **tônica da escala menor**	Aplicando um intervalo de **3ª m ascendente**	Encontramos a **tônica da escala maior** relativa

Supondo que tomamos como referência a escala de Mi bemol maior e queremos descobrir sua escala relativa menor. Como podemos proceder? Observe o quadro a seguir:

Quadro 2.10 – Exemplo de relação entre tônicas de escalas relativas M – m

Tônica da escala maior: **Mib**	**VI grau** da escala = Dó	Tônica da escala menor: **Dó**
	Aplicando um intervalo de **3ªm descendente** (Mib – 3ª m abaixo – Dó)	Tônica da escala menor: **Dó**

Seja qual for o método adotado, chegaremos à mesma conclusão: a escala relativa de Mi bemol maior é Dó menor.

E se tivermos uma escala menor e quisermos encontrar sua relativa maior? Por exemplo: qual é a escala relativa de Fá# menor? Observe o quadro a seguir:

Quadro 2.11 - Exemplo de relação entre tônicas de escalas relativas m – M

Tônica da escala menor: Fá#	Aplicando um intervalo de **3ª m ascendente** (Fá# – 3ª M acima – Lá)	Tônica da escala maior: Lá

Podemos conferir verificando o VI grau da escala de Lá maior:

Figura 2.61 - VI grau da escala de Lá maior

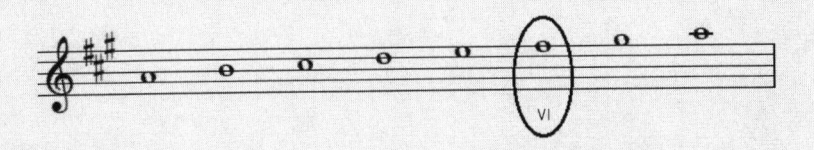

Observe a escala, sua armadura de clave e o VI grau. A escala de Lá maior tem Fá, Dó e Sol sustenidos na armadura, logo, o VI grau é Fá#.

As armaduras de clave são muito importantes para todos os estudos posteriores em música, e você deve conhecer as armaduras de todas as escalas maiores e menores. Num primeiro momento, você pode partir da escala modelo e usar o esquema de 5as ascendentes para encontrar as escalas formadas por sustenidos, e de 5as descendentes para encontrar as escalas formadas por bemóis. Com o tempo de estudo e prática, logo as armaduras estarão "automatizadas" de modo que, ao olhar determinada armadura, você já saberá a tonalidade em questão.

Para ajudar a memorizar as escalas, você pode consultar o quadro a seguir. No entanto, lembre-se: mais do que decorar as armaduras de clave, é preciso entender seu processo de formação, pois assim você conseguirá chegar a qualquer armadura sem a necessidade de consulta.

Quadro 2.12 – Armaduras de clave

Escalas diatônicas maiores e menores					
Escalas-modelo – sem alterações: **Dó Maior** e **Lá menor**					
Escalas com sustenidos			Escalas com bemóis		
#	Maiores	Menores	b	Maiores	Menores
1#	Sol M	Mi m	1b	Fá M	Ré m
2#	Ré M	Si m	2b	Sib M	Sol m
3#	Lá M	Fá# m	3b	Mib M	Dó m
4#	Mi M	Dó# m	4b	Láb M	Fá m
5#	Si M	Sol# m	5b	Réb M	Sib m
6#	Fá# M	Ré# m	6b	Solb M	Mib m
7#	Dó# M	Lá# m	7b	Dób M	Láb m

2.5 Ciclo de 5as

Quando tratamos das armaduras de clave, mencionamos por diversas vezes a utilização de um ciclo de 5as ascendentes ou descendentes. E o que vem a ser esse ciclo de 5as?

O ciclo de 5as facilita a memorização das armaduras de clave. Ao representarmos esse ciclo por meio de um diagrama, obtemos uma imagem que se assemelha a de um relógio, no qual, caminhando no sentido horário, cada nova escala tem sua tônica (nota inicial) exatamente no V grau da escala anterior. Observe no diagrama que há escalas enarmonizadas. A **enarmonia** é a propriedade de chamarmos por nomes diferentes notas (ou intervalos, ou escalas) que têm o mesmo som, como Dó# e Réb, Si e Dób, Sol# e Láb etc. (Kostka; Payne, 2012).

A figura a seguir apresenta um esquema que ilustra o ciclo de 5as. No sentido horário, verifica-se a sucessão de 5as justas ascendentes na formação das escalas com sustenidos; no sentido anti-horário, há a sucessão de 5as justas descendentes (ou 4as justas ascendentes) na formação das escalas com bemóis. Observe, ainda, a ocorrência das escalas enarmônicas (formadas pelas mesmas notas, mas com nomes diferentes), que são Fá# M – Solb M e Réb M – Dó# M.

Figura 2.62 – Ciclo de 5as

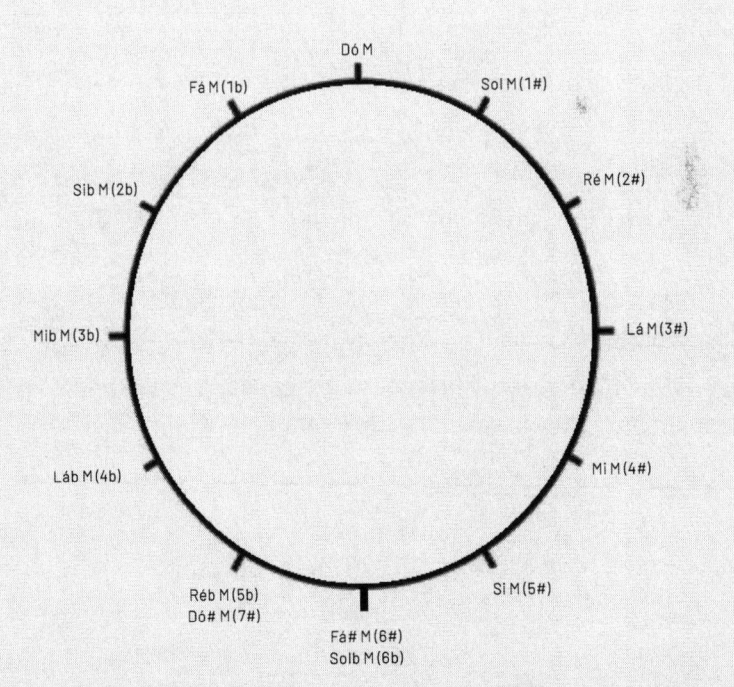

Embora o ciclo de 5ᵃˢ seja uma série de notas musicais organizadas em intervalos de 5ª justa, que nos permite encontrar os acidentes que formam as armaduras de clave (Guest, 2006), esse ciclo não é apenas uma "contagem" de notas seguindo uma sequência. Esse ciclo oferece uma ajuda bastante significativa para a compreensão de algumas funções harmônicas. Pelo ciclo de 5ᵃˢ, é possível descobrir tonalidades mais próximas ou afastadas da tônica, como descreveremos mais adiante. Confira a importância do ciclo de quintas (ou das quintas):

> A música, como a maioria das pessoas conhece, entende e aprecia, é baseada numa organização melódica que descende do "ciclo das quintas". Mais do que uma convenção socialmente aceita ou psicologicamente amalgamada, o ciclo das quintas é um fenômeno físico tão presente e significativo na natureza acústica que moldou a evolução e o desenvolvimento tanto do sistema auditivo quanto do cérebro. (Fornari, 2019)

Conforme explicamos ao tratar dos intervalos, os de 5ª, quando invertidos, geram intervalos de 4ª, assim como os intervalos de 4ª invertidos geram intervalos de 5ª. Também verificamos que a inversão de intervalos pode alterar sua qualificação, mas, no caso de intervalos justos, eles permanecem justos após a inversão.

Consideremos uma escala maior com dois bemóis na armadura: Si bemol Maior. Queremos encontrar a próxima escala (ciclo de 5ᵃˢ), que terá três bemóis na armadura. Se pensarmos em uma 5ª justa descendente, chegaremos ao mesmo resultado de pensarmos em uma 4ª justa ascendente. A tônica da nova escala encontrada será a mesma:

- Si bemol – 5ª justa descendente (**Sib**, Lá, Sol, Fá, **Mib**) – Mi bemol;
- Si bemol – 4ª justa ascendente (**Sib**, Dó, Ré, **Mib**) – Mi bemol.

Logo, a escala maior que tem três bemóis em sua armadura é a escala de Mi bemol Maior. Em razão dessa possibilidade de pensarmos o intervalo de 5ª em sua inversão, diversos autores referem-se ao "ciclo de 4ªs", que, na verdade, trata-se do ciclo de 5ªs descendentes invertido.

Síntese

Os conteúdos abordados neste capítulo formam um importante alicerce para os capítulos seguintes, em que discorreremos sobre os aspectos da concepção vertical da música: a harmonia.

Até este ponto, tratamos da formação e da análise de intervalos, iniciando com os menores intervalos utilizados na música tonal, que são os semitons. Apresentamos a escrita e o reconhecimento de intervalos, analisando sua classificação numérica e qualitativa. Em seguida, destacamos todas as escalas do modo maior e do modo menor em suas formas natural, harmônica e melódica. Ainda, examinamos todas as armaduras de clave com sustenidos e bemóis e compreendemos a formação das escalas por meio do ciclo de 5ªs.

Atividades de autoavaliação

1. Assinale a alternativa que corresponde à correta classificação dos intervalos apresentados:

   a) 1. st. cromático desc.; 2. 7ª M desc.; 3. 2ª aum desc.; 4. 2ª dim asc.
   b) 1. st. cromático asc.; 2. 7ª m desc.; 3. 3ª m desc.; 4. 2ª dim asc.
   c) 1. st. diatônico desc.; 2. 7ª aum desc.; 3. 2ª M desc.; 4. 2ª m asc.
   d) 1. st. diatônico asc.; 2. 7ª dim desc.; 3. 2ª m desc.; 4. 2ª m asc.
   e) 1. st. cromático desc.; 2. 7ª m desc.; 3. 2ª M desc.; 4. 2ª dim asc.

2. Quanto à inversão de intervalos, analise as afirmativas a seguir.
   I) Intervalos maiores, invertidos, tornam-se menores.
   II) Intervalos justos não podem ser invertidos.
   III) Intervalos diminutos, invertidos, tornam-se aumentados.
   IV) Intervalos de 6ª, invertidos, tornam-se intervalos de 2ª.

   Agora, assinale a alternativa que apresenta todas as proposições corretas:

   a) I e II.
   b) I e III.
   c) I, II e III.
   d) II, III e IV.
   e) III e IV.

3. Sobre as escalas menores, analise as afirmativas a seguir.
   I) Sua principal característica é o intervalo de 3ª maior formado entre o I e o III graus.
   II) Elas podem ser escritas nas formas natural, harmônica ou melódica, mas a armadura de clave será sempre a mesma para as três formas.
   III) Elas originaram-se da escala maior, na busca de compositores por tonalidades mais tristes.
   IV) Nenhuma delas têm sensível, considerando que a sensível só existe no modo maior.

   Agora, assinale a alternativa que apresenta todas as proposições corretas:

   a) I e III.
   b) I, II e III.
   c) II e IV.
   d) II e III.
   e) II.

4. Assinale a alternativa correta:
   a) Na escala menor harmônica, altera-se a armadura de clave inserindo-se uma alteração ascendente no VII grau.
   b) As escalas menores harmônicas e melódicas têm alterações ascendentes no VI e VII graus.
   c) As escalas relativas têm modos e armaduras de clave iguais.
   d) A escala menor natural tem exatamente as mesmas notas que sua escala relativa maior.
   e) Ao se grafar uma alteração ascendente no VII grau de uma escala menor harmônica, usam-se apenas sustenidos ou dobrados sustenidos.

5. A cantiga *Parabéns p'ra você* apresenta um intervalo entre as sílabas destacadas. Que intervalo é esse?

"Pa RA BÉNS p'ra você..."

a) 2ª menor.

b) 2ª maior.

c) 3ª menor.

d) 3ª maior.

e) 4ª justa.

Atividades de aprendizagem

Questões para reflexão

1. Por que a escala menor natural é uma escala que não é utilizada pela harmonia tonal?

2. Escalas homônimas são as que têm o mesmo nome e modos diferentes, como Dó Maior e Dó menor. Se compararmos duas escalas homônimas (sendo a escala menor natural), quais intervalos formados com a tônica e seus graus serão diferentes nas duas escalas?

Atividades aplicadas: prática

1. Escreva os intervalos pedidos de acordo com sua classificação numérica, qualificação e direção, conforme o exemplo:

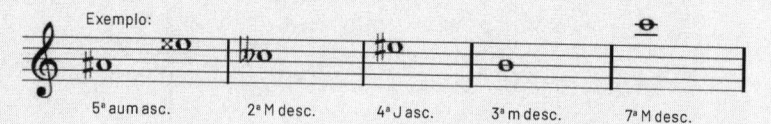

Exemplo: 5ª aum asc. | 2ª M desc. | 4ª J asc. | 3ª m desc. | 7ª M desc.

2. Escreva as escalas pedidas em movimento ascendente e descendente:

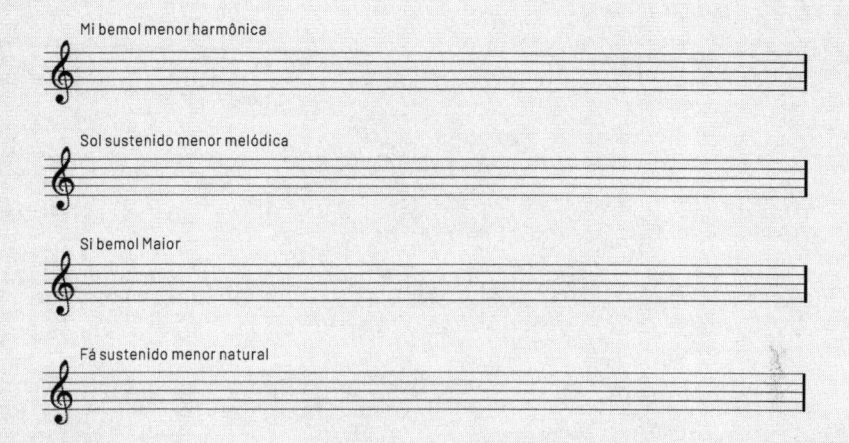

   Mi bemol menor harmônica

   Sol sustenido menor melódica

   Si bemol Maior

   Fá sustenido menor natural

3. Complete o quadro inserindo o número de alterações e escalas maiores e menores, de acordo com o exemplo:

Escala maior	Escala menor	Alterações
Mi Maior	Dó# menor	4 sustenidos
		5 bemóis
	Sol# menor	
Si bemol maior		
	Lá bemol menor	

Capítulo 3
FORMAÇÃO DOS ACORDES

A análise de dois sons musicais envolve o que tradicionalmente chamamos de *intervalo*, conceito que clarificamos no capítulo anterior. Já uma combinação de três ou mais sons musicais diferentes é chamada de *acorde*.

Os acordes podem ser formados por três sons diferentes (são chamados de *tríades*), por quatro sons diferentes (chamados de *tétrades*), por cinco sons diferentes (pêntades) e, ainda, por seis sons diferentes (hexades) (Dudeque, 2003a).

Neste capítulo, discorreremos sobre a formação dos acordes de três e quatro sons (tríades e tétrades), sua estrutura, posições e inversões possíveis. As tríades maiores e menores são o alicerce da harmonia tonal – as explicaremos detalhadamente neste capítulo. Também examinaremos as tétrades, a fim de compreender sua formação, sua análise e como esses acordes se movimentam e se conectam com outros.

Ainda, abordaremos a série harmônica, que é um fenômeno acústico muito importante e decisivo para toda a construção do sistema tonal. Explicaremos a noção de consonância e de dissonância e como os acordes estudados podem ser extraídos da série harmônica.

3.1 Tríades e tétrades

Os acordes são como a matéria-prima da harmonia. É por meio das relações entre eles que os encadeamentos se formam, razão pela qual precisamos conhecê-los bem, incluindo formação, estrutura e análise. A seguir, abordaremos com mais profundidade os acordes de três sons (tríades) e de quatro sons (tétrades).

3.1.1 Tríades

Quando um acorde é formado por três notas diferentes, podendo ser organizado em 3as sobrepostas, há uma **tríade**. Reiterando: são necessárias três notas diferentes para formar uma tríade. O dobramento de uma ou mais notas não altera a classificação do acorde. Confira:

Figura 3.1 – Tríades

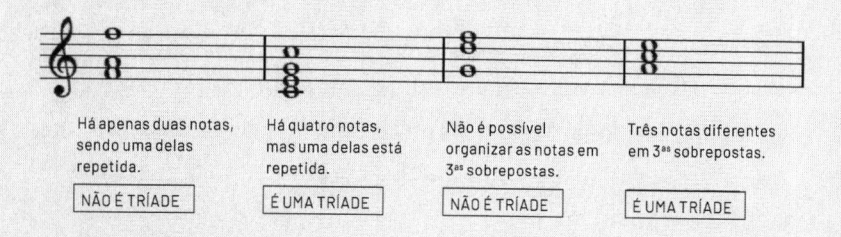

Há apenas duas notas, sendo uma delas repetida.
NÃO É TRÍADE

Há quatro notas, mas uma delas está repetida.
É UMA TRÍADE

Não é possível organizar as notas em 3as sobrepostas.
NÃO É TRÍADE

Três notas diferentes em 3as sobrepostas.
É UMA TRÍADE

Já informamos que os acordes diatônicos são formados sempre por sobreposições de 3as maiores e menores. As tríades são formadas por duas 3as superpostas, partindo de uma nota chamada **fundamental**.

É possível, então, formar quatro tipos de tríades, sobrepondo:

1. uma 3ª M e uma 3ª m;
2. uma 3ª m e uma 3ª M;
3. duas 3as M;
4. duas 3as m.

Essas tríades têm características e nomenclaturas específicas.

A **tríade maior** (ou acorde perfeito maior) tem a primeira 3ª maior e a segunda 3ª menor. Desse modo, forma-se um intervalo de 5ª justa entre a fundamental e a 5ª do acorde. Eis um exemplo na Figura 3.2:

Figura 3.2 – Tríade maior

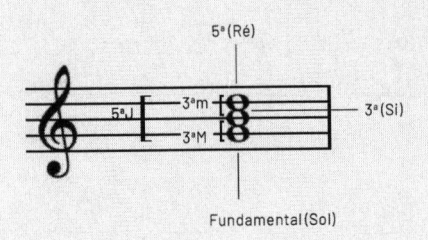

Observe que a nota Sol é a fundamental. Entre o Sol e o Si, há uma 3ª maior, e entre o Si e o Ré, há uma 3ª menor. Essa é a formação da tríade maior: **3ª M + 3ª m**. Considerando todos os intervalos em relação à fundamental, há uma 3ª maior (Sol – Si) e uma 5ª justa (Sol – Ré).

A **tríade menor** (ou acorde perfeito menor) tem a primeira 3ª menor e a segunda 3ª maior. É a ordem inversa das 3ªˢ que formam a tríade maior. A tríade menor também tem uma 5ª justa entre a fundamental e a 5ª do acorde.

Figura 3.3 – Tríade menor

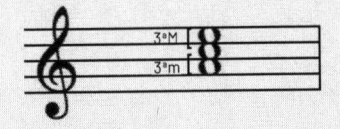

No exemplo da figura anterior, a nota Lá é a fundamental. Entre Lá e Dó, há uma 3ª menor, e entre Dó e Mi, uma 3ª maior. Assim, eis a formação da tríade maior: **3ª m + 3ª M**. Considerando os intervalos em relação à fundamental, há uma 3ª menor (Lá – Dó) e uma 5ª justa (Lá – Mi).

Ainda, podem ser formadas tríades diatônicas com 3ᵃˢ iguais, ou seja: duas 3ᵃˢ menores ou duas 3ᵃˢ maiores.

A **tríade diminuta** (ou 5ª diminuta) tem duas 3ᵃˢ menores em sua formação. Entre a fundamental e a 5ª, ocorre um intervalo de 5ª diminuta.

Figura 3.4 – Tríade diminuta

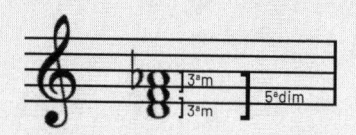

Nessa tríade, a fundamental (Ré) forma uma 3ª menor com a 3ª do acorde (Fá). Da mesma maneira, entre Fá e Lá bemol, também há uma 3ª menor. A tríade diminuta tem, portanto, esta formação: **3ª m + 3ª m**. Com relação à fundamental, forma-se uma 3ª menor (Ré – Fá) e uma 5ª diminuta (Ré – Láb).

A **tríade aumentada** (ou 5ª aumentada) tem duas terças maiores em sua formação. Entre a fundamental e a 5ª, ocorre um intervalo de 5ª aumentada.

Figura 3.5 – Tríade aumentada

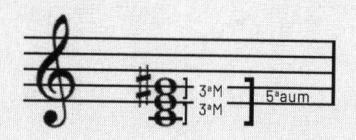

No exemplo, a nota Dó é a fundamental. Entre Dó e Mi, há uma 3ª maior, e entre Mi e Sol sustenido, também há uma 3ª maior. Há, então, uma tríade aumentada, que tem como formação **3ª M + 3ª M**. Com relação à fundamental, temos a formação de uma 3ª M (Dó – Mi) e de uma 5ª aumentada (Dó – Sol#).

Logo, há quatro tipos de tríades possíveis, conforme explicitamos no Quadro 3.1.

Quadro 3.1 – Tríades diatônicas

Tríade	Formação	Intervalos em relação à fundamental
Maior	3ª M + 3ª m	3ª M e 5ª J
Menor	3ª m + 3ª M	3ª m e 5ª J
Aumentada	3ª M + 3ª M	3ª M e 5ª aum
Diminuta	3ª m + 3ª m	3ª m e 5ª dim

3.1.2 Tétrades

As tétrades surgem do acréscimo de um intervalo de 7ª às tríades já expostas. Como há quatro tipos de tríades e quatro intervalos de 7ª possíveis (7ª diminuta, 7ª menor, 7ª maior e 7ª aumentada), podem ser formados, em tese, 16 tipos de tétrades. No entanto, como já mencionamos, no sistema tonal, os acordes são resultado de uma sobreposição de intervalos de 3ªˢ maiores e menores. Se fizermos a combinação dos quatro tipos de tríades com os quatro tipos de intervalos de 7ª, encontraremos algumas 3ªˢ diminutas ou aumentadas, que não serão consideradas diatônicas, e, por isso, não serão abordadas neste momento.

Observemos essa questão mais detalhadamente.

Com a tríade maior (PM), podemos formar as seguintes tétrades:

PM + 7ª dim, PM + 7ª m, PM + 7ª M e PM + 7ª aum

Pensando a formação dessas tétrades sobre a nota Dó, fica fácil visualizarmos quais tétrades têm 3ªs que não são maiores ou menores.

Figura 3.6 – Tétrades formadas com tríade maior

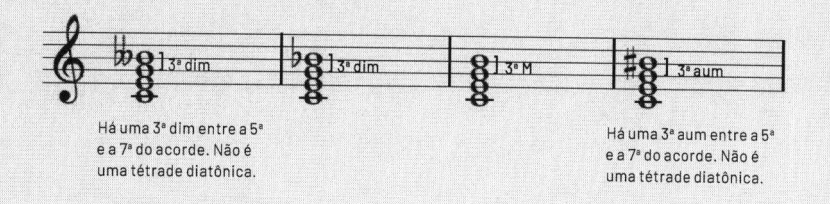

Há uma 3ª dim entre a 5ª e a 7ª do acorde. Não é uma tétrade diatônica.

Há uma 3ª aum entre a 5ª e a 7ª do acorde. Não é uma tétrade diatônica.

Observe que a primeira e a última tétrade formam 3ªs diminutas e aumentadas entre a 5ª e a 7ª. Consideraremos apenas as tétrades formadas por **PM + 7ª m** e **PM + 7ª M**.

Com a tríade menor (Pm), podem ser formadas as seguintes tétrades:

Pm + 7ª dim, Pm + 7ª m, Pm + 7ª M e Pm + 7ª aum

Observemos isso na partitura:

Figura 3.7 – Tétrades formadas com tríade menor

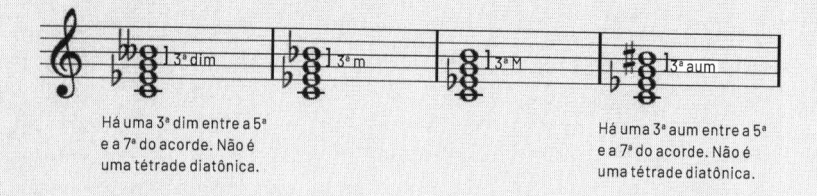

Há uma 3ª dim entre a 5ª e a 7ª do acorde. Não é uma tétrade diatônica.

Há uma 3ª aum entre a 5ª e a 7ª do acorde. Não é uma tétrade diatônica.

Como o intervalo de 5ª justa é comum às tríades maiores e menores, encontramos, mais uma vez, 3ªs diminutas e aumentadas na primeira e na última tétrades. Consideraremos apenas as tétrades formadas por **Pm + 7m** e **Pm + 7M**.

Com a tríade aumentada (5aum), podem ser formadas as seguintes tétrades:

> 5aum + 7ª dim, 5aum + 7ª m, 5aum + 7ª M e 5aum + 7ª aum

Figura 3.8 – Tétrades formadas com tríade aumentada

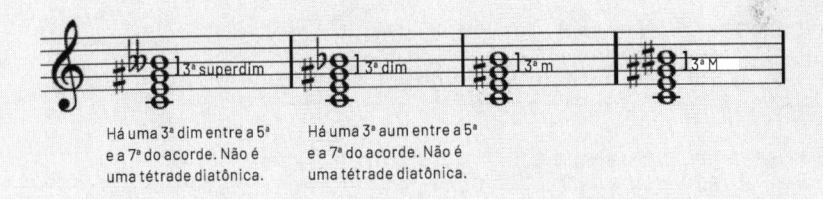

3ª superdim — Há uma 3ª dim entre a 5ª e a 7ª do acorde. Não é uma tétrade diatônica.
3ª dim — Há uma 3ª aum entre a 5ª e a 7ª do acorde. Não é uma tétrade diatônica.
3ª m
3ª M

Nesse caso, encontramos, na primeira e segunda tétrades, 3ªs diminutas e superdiminutas (intervalos menores que os diminutos). Ainda precisamos observar que a última tétrade, formada por 5aum + 7ª aum, resulta auditivamente como uma tríade aumentada, considerando que a 7ª aum (Si#) é enarmônica da 8ª (Dó). Consideraremos apenas a tétrade formada por **5aum + 7ª M**.

Finalmente, com a tríade diminuta, é possível formar as seguintes tétrades:

> 5dim + 7ª dim, 5dim + 7ª m, 5dim + 7ª M e 5dim + 7ª aum

Figura 3.9 – Tétrades formadas com tríade diminuta

3ª m	3ª M	3ª aum	3ª super aum

Há uma 3ª dim entre a 5ª e a 7ª do acorde. Não é uma tétrade diatônica.

Há uma 3ª aum entre a 5ª e a 7ª do acorde. Não é uma tétrade diatônica.

Nas duas últimas tétrades, encontramos uma 3ª aumentada e uma 3ª superaumentada. Consideraremos apenas as tétrades formadas por **5dim + 7ª dim** e **5dim + 7ª m**.

Examinamos todas as possibilidades de formação de tétrades com as tríades que já abordamos para esclarecer por que consideramos apenas sete tétrades diatônicas quando, por combinação simples, seria possível obter 16 tétrades. No entanto, é importante lembrar que estamos lidando com um sistema tonal, no qual a formação de acordes é, por definição, por sobreposição de 3ªs maiores e menores. Sendo assim, as tétrades estudadas na harmonia tonal são as expressas no Quadro 3.2.

Quadro 3.2 – Tétrades diatônicas

Com tríade maior	PM + 7ª m
	PM + 7ª M
Com tríade menor	Pm + 7ª m
	Pm + 7ª M
Com tríade diminuta	**5dim + 7ª dim**
	5dim + 7ª m
Com tríade aumentada	5aum + 7ª M

Adiante, versaremos mais detalhadamente sobre os acordes de 7ª e explicaremos como eles são utilizados na harmonia tonal. Demonstraremos que alguns deles têm especial importância dentro da tonalidade, e outros são acordes de 7ª secundários.

3.2 Inversões de acordes

As inversões de acordes são muito importantes na construção dos encadeamentos, conduzindo vozes por caminhos escolhidos cuidadosamente. Acordes invertidos também têm uma sonoridade própria, ampliando as possibilidades do discurso musical. Todos os acordes podem ser invertidos, e aqui abordaremos as particularidades das inversões das tríades e tétrades.

3.2.1 Tríades invertidas

Como já explicitamos neste capítulo, um acorde formado por três notas diferentes que pode ser organizado em 3ªs sobrepostas é uma **tríade**. Quando a tríade se apresenta em 3ªs superpostas, partindo de uma nota fundamental, essa tríade se encontra no **estado fundamental**. Em tal estado, a nota mais grave do acorde, também chamada de **baixo**, coincide com a nota fundamental do acorde, ou seja, com a nota que dá nome ao acorde. O estado fundamental também pode ser chamado de *posição natural* ou, menos frequentemente, de *posição primitiva*. Analisemos algumas possibilidades:

Figura 3.10 – Estado fundamental

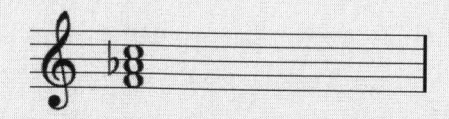

Há, na figura anterior, uma tríade formada por uma 3ª menor (Fá – Láb) e uma 3ª maior (Láb – Dó); portanto, trata-se de uma tríade menor. A fundamental dá nome ao acorde, logo, essa é a tríade de Fá menor. Observe, ainda, que a fundamental do acorde (Fá) é também a nota mais grave (ou o baixo) do acorde, e, por essa razão, a tríade está em estado fundamental.

Se houver deslocamento de uma ou mais notas dessa tríade para uma 8ª acima ou 8ª abaixo, a tríade não estará mais em estado fundamental, mas invertida. Consideremos a próxima tríade:

Figura 3.11 – Primeira inversão

Essa tríade não está em 3ªs sobrepostas. Será que, movendo suas notas, conseguimos obter uma sobreposição de 3ªs? Se não conseguirmos, não se trata de uma tríade diatônica.

O primeiro a se fazer é determinar a fundamental da tríade. Um bom método é verificar a possibilidade de 3ªs sobrepostas, partindo de cada uma das notas do acorde.

Comecemos com o Fá#: para formarmos uma tríade sobre Fá#, precisamos das notas Lá e Dó, e, nesse acorde, temos as notas Lá e Ré. Logo, Fá# não é a fundamental do acorde.

E se pensarmos na nota Lá como fundamental, seria possível? Uma tríade sobre Lá teria as notas Dó e Mi, e no acorde temos as notas Fá# e Ré. Então, a nota Lá também não pode ser a fundamental do acorde.

A última possibilidade seria a nota Ré. Uma tríade sobre a nota Ré teria as notas Fá e Lá. E ali constam as duas notas! Fá# e Lá natural. A primeira 3ª (Ré - Fá#) é uma 3ª maior e a segunda 3ª (Fá# - Lá) é uma 3ª menor. Nessa tríade, a fundamental é a nota Ré; portanto, é uma tríade de **Ré maior**. A nota Fá# é a 3ª do acorde, e a nota Lá é a 5ª do acorde.

Qual é a nota que ocupa a posição mais grave da tríade? O Fá#, que é a **3ª do acorde**. Quando o baixo (nota mais grave) é a 3ª do acorde, essa tríade se encontra na **1ª inversão**.

Examinemos mais uma possibilidade:

Figura 3.12 – Segunda inversão

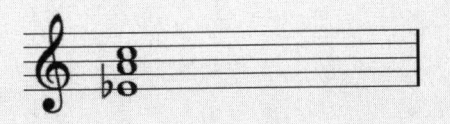

Primeiramente, precisamos encontrar a fundamental do acorde. Se a fundamental fosse o Mi bemol, precisaríamos das notas Sol e Si, que não estão presentes. Se a fundamental for a nota Lá, precisamos das notas Dó e Mi, e temos as duas notas. Logo, a fundamental dessa tríade é a nota Lá. Há uma 3ª menor (Lá - Dó), e a segunda 3ª também é menor (Dó - Mib). Com duas 3ªs menores, forma-se uma tríade de **Lá diminuta**.

Agora a nota mais grave (baixo) da tríade é a **5ª do acorde**. Logo, essa tríade se encontra na **2ª inversão**.

As inversões dos acordes não alteram sua classificação, mas, como já pontuamos, a posição em que se encontram as notas da tríade determina se ela está no estado fundamental, na 1ª inversão ou na 2ª inversão (como exposto no Quadro 3.3).

Quadro 3.3 – Inversões de tríades

Posição dos baixos	Inversão da tríade
Baixo = fundamental do acorde	Estado fundamental
Baixo = 3ª do acorde	1ª inversão
Baixo = 5ª do acorde	2ª inversão

3.2.2 Tétrades invertidas

Assim como a tríade é um acorde formado por três notas diferentes, que pode ser organizado em 3as sobrepostas, uma tétrade é um acorde formado por quatro notas diferentes, também organizado em 3as sobrepostas. O princípio de inversão das tétrades é igual ao das tríades, com a inclusão da 3ª inversão (7ª no baixo).

Figura 3.13 – Tétrades invertidas

Estado fundamental	1ª inversão	2ª inversão	3ª inversão
Baixo = fundamental	Baixo = 3ª do acorde	Baixo = 5ª do acorde	Baixo = 7ª do acorde

Observe que a mesma tétrade está nos quatro compassos; no entanto, cada escrita apresenta a tétrade em uma inversão diferente.

Localizar a fundamental em um acorde de 7ª (tétrade) invertido é bem simples. Basta observar o intervalo de 2ª que se forma. Nesse intervalo, a nota mais aguda será sempre a fundamental, e a mais grave será a 7ª do acorde.

Observe o segundo compasso da figura: temos um intervalo de 2ª formado pelas notas Fá (4ª linha) e Sol (1º espaço suplementar superior). A nota mais aguda desse intervalo de 2ª (Sol) é a fundamental do acorde, e a mais grave (Fá) é a sétima do acorde.

Figura 3.14 – Fundamental e 7ª

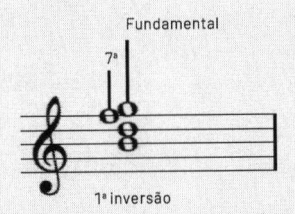

No terceiro e no quarto compassos da figura anterior, há o mesmo intervalo uma 8ª abaixo: Sol na segunda linha e Fá no primeiro espaço. Da mesma forma, identificamos a nota Sol como fundamental, e a nota Fá como 7ª do acorde.

Colocando o acorde em estado fundamental (como aparece no primeiro compasso), podemos classificar o acorde. Nesse caso, temos uma tríade maior com 7ª menor.

Não há diferença quanto ao processo de inversão que se aplica às tríades. A única informação adicional é que, nas tétrades, há mais uma possibilidade de inversão, conforme disposto no quadro a seguir.

Quadro 3.4 – Inversões de tétrades

Posição dos baixos	Inversão da tétrade
Baixo = fundamental do acorde	Estado fundamental
Baixo = 3ª do acorde	1ª inversão
Baixo = 5ª do acorde	2ª inversão
Baixo = 7ª do acorde	3ª inversão

3.2.3 Posições aberta e fechada dos acordes

Além da possibilidade de se apresentarem em estado fundamental ou em inversões, os acordes podem ser observados em duas posições diferentes: fechada (ou estreita); e aberta (ou larga).

Uma explicação simples define a diferença entre a posição fechada e a aberta: na primeira, não há possibilidade de inserir, entre as notas que já estão escritas, notas que fazem parte da construção do próprio acorde; na outra (aberta), as notas do próprio acorde podem ser inseridas entre as notas escritas.

Figura 3.15 – Posições aberta e fechada

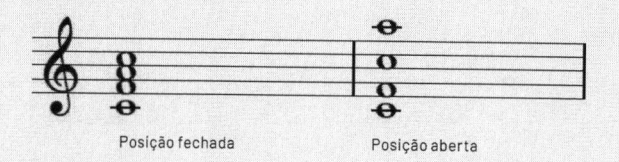

Posição fechada   Posição aberta

Analisando o acorde escrito no primeiro compasso, há uma observação interessante: a princípio, esse acorde tem quatro notas, logo, estamos analisando uma tétrade. Será que é isso mesmo? Examinemos atentamente.

O acorde tem três notas diferentes, e não quatro. Constam (de baixo para cima) as notas Dó, Fá, Lá, e um dobramento da nota Dó. Não são, portanto, quatro notas diferentes, que é condição para se formar uma tétrade. São três notas diferentes com dobramento de uma delas (Dó). Trata-se, portanto, de uma tríade.

Colocando a tríade em estado fundamental, constatamos que se trata da tríade de Fá maior na 2ª inversão. A 5ª do acorde (Dó) encontra-se no baixo. No entanto, é impossível escrever entre as notas já escritas uma das notas do próprio acorde. Não há espaço para isso. O acorde encontra-se em **posição fechada**.

No segundo compasso, há as mesmas notas; logo, a mesma tríade. Mas há uma diferença: entre as notas escritas: há espaço para escrevermos as notas do acorde. Podemos escrever, por exemplo, o Lá no segundo espaço, entre o Fá e o Dó. Podemos escrever o Fá na quinta linha, entre o Dó e o Lá. O acorde encontra-se em **posição aberta**.

Tanto na posição fechada quanto na posição aberta, o acorde se encontra na 2ª inversão. A posição do acorde não altera sua classificação ou inversão. A nota mais grave do acorde determina se ele está em estado fundamental ou em inversão.

3.3 Série harmônica

Desde os estudos iniciados com Pitágoras e o monocórdio, já se sabe que os sons musicais não são sons simples, mas sons compostos. Isso implica dizer que, quando percebemos uma nota musical, não estamos ouvindo apenas aquela nota, mas também, com ela, sons secundários, quase imperceptíveis, que emprestam um colorido importante para a sonoridade daquela nota. A intensidade e a qualidade dessas vibrações são de grande importância na percepção do timbre, por exemplo. A esse conjunto de vibrações que acompanham um som gerador denominamos **série harmônica**.

De acordo com Dudeque (2003a), a série harmônica é um fenômeno acústico decisivo para o sistema tonal. Os harmônicos que são gerados a partir da emissão de um som fundamental dão origem aos acordes, que são estruturas fundamentais para o estudo da harmonia tonal. Med (1996, p. 92) assim explica a formação da série harmônica:

> Uma corda, ao vibrar em toda a sua extensão, produz uma determinada nota. Enquanto a corda vibra por inteiro, simultaneamente, ela vibra também dividindo-se em duas metades, produzindo um som uma oitava acima da nota original. Além da vibração da corda por inteiro e em duas metades, ela vibra também, dividindo-se em terços, em quartos, em quintos etc., produzindo as vibrações secundárias.

Observe, na figura a seguir, como são gerados os primeiros harmônicos da série. Tomando a vibração da corda inteira como som gerador (e esse som gerador pode ser qualquer nota musical), podemos perceber que, ao vibrar em duas metades, a corda produz uma 8ª justa acima do som gerador. Mas a corda também vibra em terços, quartos etc. A vibração produzida por dois terços da corda produz o próximo harmônico, uma 5ª justa acima. A vibração produzida por três quartos da corda soa uma 4ª justa acima.

Supondo que a nota Lá é o som gerador e primeiro harmônico, o próximo harmônico seria a nota Lá 8ª justa acima. O terceiro harmônico, a nota Mi (5ª justa acima). O quarto, novamente a nota Lá, pois uma 4ª justa acima da nota Mi, encontramos o Lá.

Figura 3.16 – Primeiros harmônicos da série

Lá

Metade da corda: 8ª J acima

Dois terços da corda: 5ª J acima

Três quartos da corda: 4ª J acima

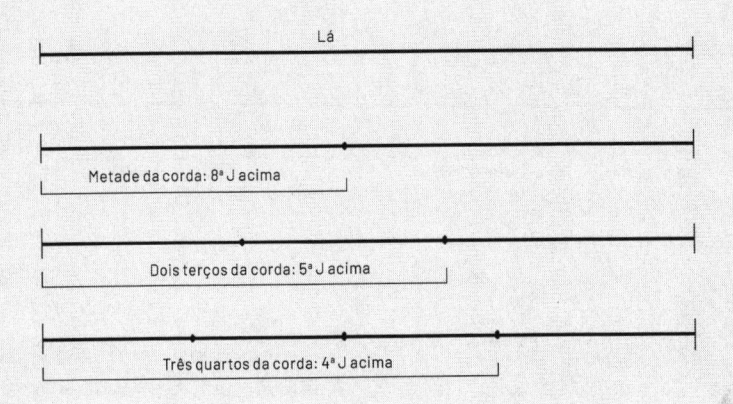

Os intervalos da série vão se tornando cada vez menores, e mais débeis. Podemos dizer que a série harmônica é infinita, mas, quanto maior a distância do som gerador, menos perceptíveis serão os harmônicos. Todo som gerador produz uma série harmônica proporcionalmente idêntica.

A sequência de intervalos que formam a série harmônica até o 10º harmônico é a apresentada na Figura 3.17.

Figura 3.17 – Som gerador até o 11º harmônico

SOM GERADOR	➡ 8ª justa	➡ 5ª justa	➡ 4ª justa	➡ 3ª maior	➡ 3ª menor	➡ 3ª menor	➡ 2ª maior	➡ 2ª maior	➡ 2ª maior	➡ 2ª maior
1º harmônico	2º harmônico	3º harmônico	4º harmônico	5º harmônico	6º harmônico	7º harmônico	8º harmônico	9º harmônico	10º harmônico	11º harmônico

A partir do 11º harmônico, a sequência de intervalos segue exclusivamente com 2ªs menores. A relação intervalar presente na série harmônica é natural, e fisicamente comprovada, de modo que não existe variação nela, independentemente da fonte sonora que está emitindo o som gerador.

Imaginemos uma série harmônica construída sobre a nota Dó, desde o som gerador até seu 11º harmônico.

Figura 3.18 – Série harmônica de Dó

| Dó | → 8ª justa Dó | → 5ª justa Sol | → 4ª justa Dó | → 3ª maior Mi | → 3ª menor Sol | → 3ª menor Sib | → 2ª maior Dó | → 2ª maior Ré | → 2ª maior Mi | → 2ª maior Fá# |

Como escreveríamos essa série na pauta? Sabemos que os intervalos que compõem a série são ascendentes; logo, convém usarmos duas claves para evitar um excesso de linhas suplementares ou de 8ª.

Figura 3.19 – Série harmônica de Dó (pauta)

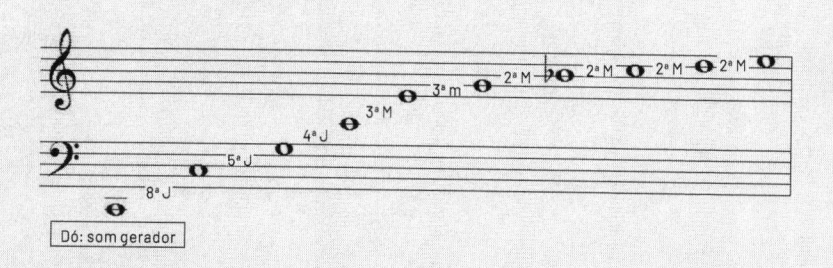

Tendo a série harmônica como base, podemos compreender um aspecto que revela por que alguns acordes nos parecem agradáveis ao ouvido, ao passo que outros nos parecem mais "ásperos" ou menos agradáveis. É claro que algumas percepções passam pelo crivo do gosto pessoal e podem envolver até mesmo questões afetivas. A despeito disso, é possível investigar mais sobre o que são as consonâncias e as dissonâncias.

3.4 Consonância, dissonância e extração de acordes da série harmônica

Segundo Dudeque (2003a), quanto mais próximos estiverem os harmônicos do som fundamental (ou som gerador), mais consonantes (ou "agradáveis", ou harmoniosos) serão aqueles intervalos. Desse modo, se buscarmos o intervalo formado entre o som fundamental e o primeiro harmônico da série, encontraremos a consonância mais perfeita possível: a 8ª justa. A essa consonância seguem os intervalos de 5ª justa e de 4ª justa, que também são considerados consonâncias perfeitas. Med (1996) e Dudeque (2003a) apresentam a mesma divisão e classificação para consonâncias e dissonâncias. Já Kostka & Payne (2012) apresentam uma classificação mais abrangente, como podemos observar nos Quadros 3.5 e 3.6, a seguir.

Quadro 3.5 – Consonâncias e dissonâncias segundo Dudeque (2003a)

Consonâncias perfeitas: 4ª, 5ª, 8ª justas
Consonâncias imperfeitas: 3ª, 6ª maiores e menores
Dissonâncias suaves: 2ª maior e 7ª menor
Dissonâncias fortes: 2ª menor e 7ª maior
Dissonâncias condicionais: intervalos aumentados e diminutos que podem, através de enarmonia, ser reescritos como consonâncias. Ex. 2ª aumentada é igual a uma 3ª menor; 3ª aumentada é igual a uma 4ª justa.

Fonte: Dudeque, 2003a, p. 15.

Quadro 3.6 – Consonâncias e dissonâncias segundo Kostka e Payne (2012)

Consonâncias	3as e 6as M e m 5as e 8as J
Dissonâncias	Todos os demais intervalos
Dissonância condicional	4ª J só é considerada dissonância quando ocorre acima da voz mais grave (baixo)

Fonte: Elaborado com base em Kostka; Payne, 2012.

Os intervalos de 4as, 5as e 8as são considerados consonâncias perfeitas porque, ao serem invertidos, não mudam sua qualificação (permanecem justos), e os intervalos de 3as e 6as são considerados consonâncias imperfeitas, pois mudam de qualificação ao serem invertidos (maiores, invertidos, tornam-se menores e vice-versa).

Esses conceitos de consonância ou dissonância podem variar de acordo com a época, com a cultura, com o estilo de música e, até mesmo, com o ouvinte e suas preferências pessoais, como alertamos anteriormente.

Na Idade Média, por exemplo, somente eram considerados consonantes os intervalos justos. Atualmente, podemos ouvir uma música de Tom Jobim e entender um intervalo de 7ª maior como agradável ao ouvido. Kostka e Payne (2012, p. 19) afirmam que "alguns dos momentos mais excitantes da música tonal envolvem dissonâncias, o que certamente não é incômodo naquele contexto, mas dissonâncias geralmente resolvem em consonâncias que dão a elas significado". Essa noção de tensão e resolução das dissonâncias está intrinsecamente ligada à harmonia tonal e aos conceitos de repouso, afastamento e aproximação.

3.4.1 Extração de acordes da série harmônica

Observemos mais uma vez a série harmônica de Dó, até o 10º harmônico, extraindo dela, primeiramente, as tríades diatônicas que já investigamos.

Podemos perceber, na tríade maior, o acorde mais estável do sistema tonal, formado pelos harmônicos 4, 5 e 6 (Dó – Mi – Sol), na figura a seguir.

Figura 3.20 – Extração da tríade maior da série harmônica

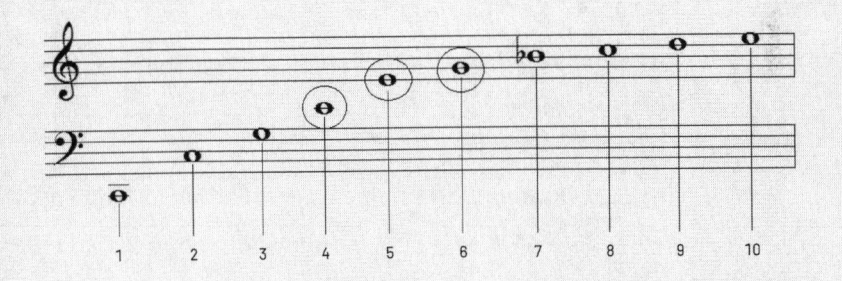

A tríade menor é formada pelos harmônicos 6, 7 e 9 (Sol – Sib – Ré).

Figura 3.21 – Extração da tríade menor da série harmônica

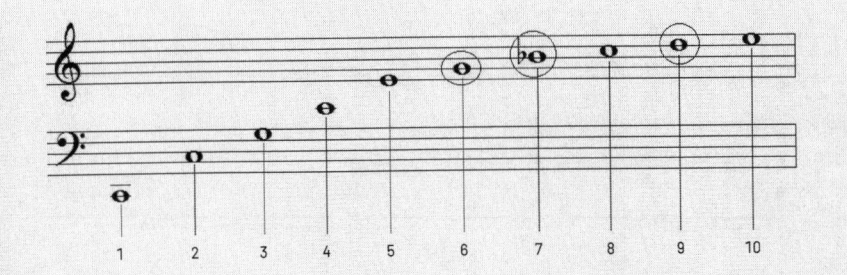

O acorde de 5ª diminuta (tríade diminuta) é formado pelos harmônicos 5, 6 e 7 da série harmônica (Mi - Sol - Sib).

Figura 3.22 - Extração da tríade diminuta da série harmônica

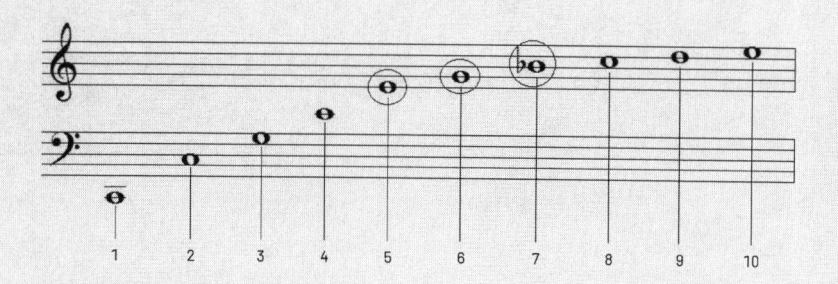

Já o acorde de 5ª aumentada não se encontra na série harmônica. E por quê?

No próximo capítulo, abordaremos as tríades diatônicas, quando esse ponto ficará esclarecido. Por enquanto, podemos admitir que essa tríade é o único acorde diatônico que não está presente na série harmônica, e por isso é chamado de **dissonante artificial**.

Também podemos encontrar na série harmônica os acordes de 7ª da dominante (PM + 7ª m) e 7ª da sensível (5dim + 7ª m).

O acorde de 7ª da dominante é formado pelos harmônicos 4, 5, 6, e 7 da série (Dó - Mi - Sol - Sib).

Figura 3.23 – Extração do acorde de 7ª da dominante da série harmônica

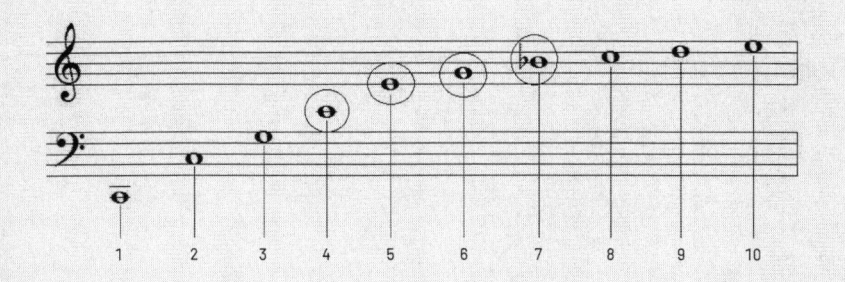

O acorde de 7ª da sensível é formado pelos harmônicos 5, 6, 7 e 9 da série (Mi – Sol – Sib – Ré).

Figura 3.24 – Extração do acorde de 7ª da sensível da série harmônica

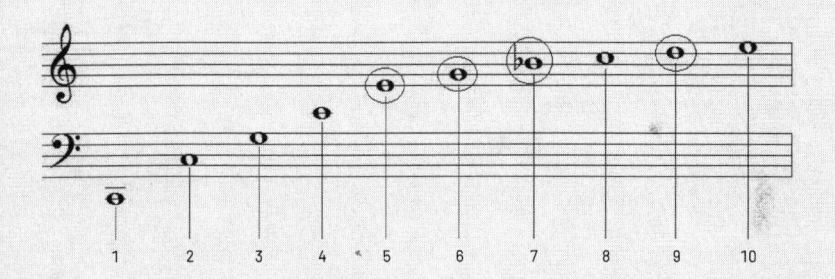

Teoricamente, todos os acordes diatônicos podem integrar a série harmônica. A série harmônica não tem limite, mas, na prática, não é costume observarmos além do 15º harmônico, pois, a partir daquele ponto, os intervalos formados seriam menores do que semitons (Med, 1996). Ademais, quanto mais distantes do som gerador, menos perceptíveis aos ouvidos humanos se tornam os harmônicos.

3.5 Condução de vozes

O conhecimento de harmonia é uma condição essencial para desenvolver atividades de criação, composição e arranjos. O estudo da harmonia tonal está fortemente apoiado na forma mais adequada, equilibrada, de se conduzir a passagem de um acorde para o outro, e a essa passagem chamamos de *encadeamentos* de acordes.

Inicialmente, são escritas as harmonizações para vozes, pois a harmonia vocal facilita a percepção da condução melódica de cada voz dentro do acorde. Assim, pode-se escrever para um quarteto vocal clássico: soprano, contralto, tenor e baixo. A harmonia vocal também tem extensões bem especificadas, o que auxilia a escrita para cada uma das vozes. Sopranos e contraltos são as vozes femininas agudas e graves, respectivamente. Tenores e baixos são as vozes masculinas agudas e graves, nesta ordem. Há, ainda, os *mezzo* sopranos (vozes femininas intermediárias) e os barítonos (vozes masculinas intermediárias); mas, inicialmente, a escrita fica restrita às quatro vozes clássicas. A essa escrita para quatro vozes denominamos *tetrafonia*.

Kostka e Payne (2012, p. 37) afirmam que existe um "vocabulário básico" na harmonia tonal, e que esse vocabulário é composto de tríades e tétrades. Acrescentam que existe uma "gramática" para esse vocabulário utilizado, a qual diz respeito à forma como são escolhidos esses acordes e a como eles são conectados. Tal forma de conectar os acordes é dita *condução de vozes*, que pode ser definida pelo movimento realizado pela linha melódica de cada uma dessas vozes.

Explicitamos, a seguir, a extensão de cada uma das vozes, ou seja, as notas que cada naipe é capaz de cantar, desde a mais grave até a mais aguda. Hindemith (1998) e Dudeque (2003a) apresentam a extensão expressa na Figura 3.25 para cada uma das vozes do quarteto vocal clássico.

Figura 3.25 – Extensão vocal

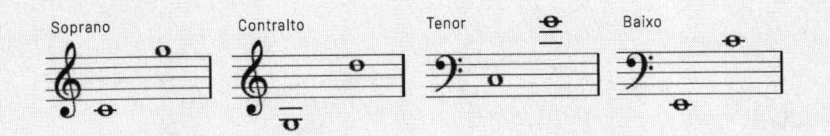

Schoenberg (1999) acrescenta um tom à extensão de cada um dos naipes, ampliando o limite da nota mais aguda; no entanto, recomenda que não sejam usados os limites extremos das vozes. Isso porque tal conduta pode fazer uma voz predominar sobre as demais, o que, normalmente, não é o objetivo pretendido na escrita para um quarteto vocal.

A maneira como são conduzidas essas vozes depende do compositor, do estilo de música, dos efeitos de tensão e de resolução pretendidos etc. No entanto, existem algumas normas básicas que ajudam a desenvolver a escrita a quatro vozes, conforme orientam Kostka e Payne (2012):

- A melodia escrita deve ter um ritmo simples. A maior parte das durações deve ser igual ou superior a um tempo, finalizando em tempo forte.
- Cada nota da melodia deve fazer parte do acorde que a está harmonizando.
- Inicialmente, a melodia deve caminhar em graus conjuntos em sua maior parte. Deve ser simples, mas interessante, mantendo um único clímax, que deve coincidir com a nota mais aguda da melodia.

3.5.1 Movimentos das vozes

Há quatro tipos de movimentos das vozes, quais sejam: (1) direto; (2) contrário; (3) oblíquo e (4) paralelo.

O **movimento direto** ocorre quando as vozes seguem a mesma direção (ascendente ou descendente), mas não conservam o intervalo original entre as vozes.

Figura 3.26 – Movimento direto

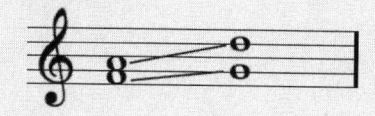

O **movimento contrário** ocorre quando as vozes seguem direções opostas, uma em direção ascendente e outra em direção descendente.

Figura 3.27 – Movimento contrário

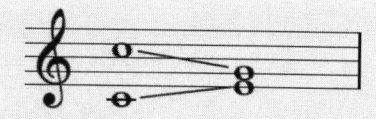

O **movimento oblíquo** ocorre quando uma das vozes permanece na mesma nota enquanto a outra se movimenta em direção ascendente ou descendente.

Figura 3.28 – Movimento oblíquo

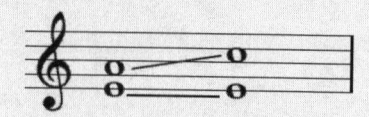

O **movimento paralelo** ocorre quando as vozes caminham na mesma direção e conservam o mesmo intervalo entre si.

Figura 3.29 – Movimento paralelo

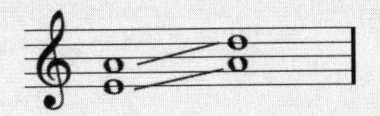

É preciso fornecer orientações específicas quanto à condução das vozes. Não se trata de "engessar" o estilo de arranjo ou composição de quem está começando a se aventurar nesse universo; mas essas orientações são muito facilitadoras para a construção de exercícios de harmonia, arranjos ou composições, preservando as características básicas do sistema tonal na escrita dos encadeamentos. Sobre essa questão, especificamos as orientações dos autores Hindemith (1998), Dudeque (2003a) e Kostka e Payne (2012):

- não devem ser conduzidas duas vozes quaisquer em 8as paralelas ou em uníssono – os intervalos de 5as e 8as paralelas são "proibidos", porque eles reduzem a percepção de independência das vozes, que é um princípio básico na condução das vozes;
- também devem ser evitados movimentos de 5as e 8as ocultas que ocorrem quando duas vozes chegam a um intervalo de 5ª ou 8ª por movimento direto;
- as quatro vozes não devem movimentar-se em movimento direto – até mesmo o movimento direto de três vozes deve ser observado com cautela para que o encadeamento não se torne desinteressante;

- devem ser evitados saltos maiores do que uma 5ª nas três vozes superiores;
- havendo uma nota comum entre dois acordes, ela deve ser mantida na mesma voz;
- deve-se evitar conduzir a melodia por intervalos aumentados, 7ᵃˢ, ou maiores do que uma 8ª – esses saltos, em geral, são de difícil afinação para a maioria dos cantores;
- devem ser evitados os saltos ascendentes ou descendentes entre o IV e o VII graus (trítono);
- é possível que uma voz se movimente através de um intervalo diminuto, mas é importante que, logo após esse salto, a melodia mude de direção por grau conjunto;
- convém que as vozes se movimentem pelos menores intervalos possíveis, mas, se houver uma sequência de intervalos curtos na mesma direção, eles devem esboçar uma tríade;
- havendo mais de uma voz em uma única pauta, é conveniente que as vozes sejam escritas com hastes separadas – as hastes da voz superior devem estar voltadas para cima, bem como as da parte inferior devem estar voltadas para baixo (tanto na clave de Sol quanto na clave de Fá), mesmo se houver cruzamento de vozes;
- não deve haver cruzamentos de vozes acima da linha melódica do soprano ou abaixo da linha melódica do baixo.

3.5.2 Dobramentos

Considerando a escrita a quatro vozes, ao usarmos uma tríade, uma das notas deve ser dobrada (repetida), ainda que não na mesma 8ª. Esse dobramento deve seguir algumas orientações:

- preferencialmente, deve ser dobrada a fundamental do acorde;
- como segunda opção, a 5ª do acorde pode ser dobrada;
- somente em último caso, deve ser dobrada a 3ª do acorde.

Essa ordem de dobramentos relaciona-se com a série harmônica. Sendo a fundamental a nota que mais aparece na série, ela é prioritária. A 5ª é a segunda nota mais aparente na série, e a 3ª só aparece mais tarde, razão pela qual seria menos consonante. Além disso, a 3ª define o modo maior ou menor, o que a torna muito importante e facilmente perceptível no acorde, não necessitando ser realçada por meio de um dobramento (Schoenberg, 1999).

No caso da omissão de uma das notas do acorde, preferencialmente a 5ª deve ser suprimida. A fundamental nunca deve ser omitida, justamente por ser a nota mais importante do acorde, e, se a 3ª não estiver presente, o acorde perderá a característica de "maior" ou "menor", tornando-se, assim, um acorde neutro, o que convém ser evitado.

3.5.3 Posição e distância das vozes

Na posição fechada, não existe a possibilidade de inserir entre as vozes superiores (soprano, contralto e tenor) notas do acorde, ao passo que, na posição aberta, estas podem ser inseridas entre as vozes superiores.

É comum haver distâncias maiores do que a 8ª entre tenor e baixo, e isso não interfere na posição aberta ou fechada dos acordes.

Não deve haver distâncias maiores do que a 8ª entre o soprano e o contralto nem entre o contralto e o tenor.

Posição determinada pela nota do soprano

A nota do soprano é sempre a nota mais aguda do acorde. Essa nota pode ser a tônica (8ª), a 3ª ou a 5ª do acorde, e, de acordo com essa posição, o acorde poderá ser classificado da seguinte forma:

- posição de 8ª (primeira posição) – a 8ª encontra-se no soprano.
- posição de 5ª (segunda posição) – a 5ª encontra-se no soprano.
- posição de 3ª (terceira posição) – a 3ª encontra-se no soprano.

Síntese

Neste capítulo, discorremos sobre os acordes, sua estrutura e sua formação. Destacamos os acordes que definem as tonalidades, que são as tríades maiores e menores. Compreendemos a formação da série harmônica, que é um dos fenômenos mais importantes do estudo de harmonia, pois é por meio dela que podemos entender a formação das consonâncias e das dissonâncias. Também, com base nos conhecimentos adquiridos da série harmônica, estudamos a origem dos acordes diatônicos.

Outro aspecto importante deste capítulo diz respeito à condução de vozes. Apresentamos os princípios básicos da harmonia para quatro vozes, extensão vocal, tipos de movimentos possíveis, dobramentos e distância entre as vozes. Ainda, examinamos diversas orientações básicas para o encadeamento de acordes. Recomendamos que esse conteúdo seja bem compreendido para se dar continuidade à leitura. Se você percebeu que algo não ficou muito claro, é bom retomar o conteúdo atentamente para que não haja dúvidas. No próximo capítulo, abordaremos as relações entre os acordes e suas conexões por meio dos encadeamentos.

Atividades de autoavaliação

1. Analise as tríades e as classificações indicadas abaixo delas. Assinale V para as classificações verdadeiras e F para as falsas.

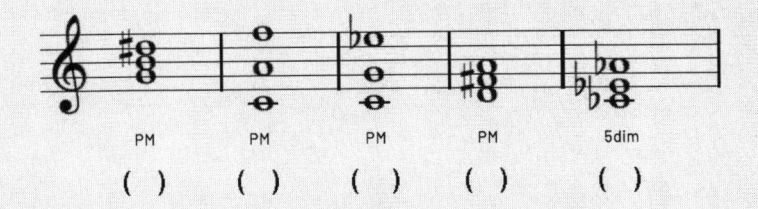

```
      PM      PM      PM      PM      5dim
      ( )     ( )     ( )     ( )     ( )
```

Agora, assinale a alternativa que apresenta a sequência correta de preenchimento dos parênteses, de cima para baixo:

a) V, V, F, V, F.

b) F, F, V, V, V.

c) F, V, V, V, F.

d) F, F, F, V, V.

e) V, V, V, F, V.

2. Assinale a alternativa correta:
    a) As tríades diminutas têm sempre uma nota bemolizada em sua formação.
    b) As tétrades que têm mais de uma 3ª menor não são consideradas diatônicas.
    c) As tétrades surgem do acréscimo de uma 7ª às tríades diatônicas.
    d) A tríade está em posição aberta quando a nota mais grave não é a fundamental.
    e) As tríades em posição fechada, na 1ª inversão, formam dois intervalos de 4ª.

3. Assinale a alternativa que apresenta a correta classificação das tétrades indicadas a seguir:

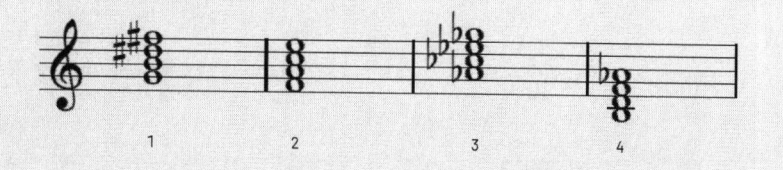

   a) 1. 5aum + 7ª M; 2. PM + 7M; 3. Pm + 7m; 4. 5dim + 7ª dim.
   b) 1. PM + 7ª M; 2. PM + 7ª M; 3. 5dim + 7ª m; 4. 5dim + 7ª m.
   c) 1. 5aum + 7ª M; 2. PM + 7ª m; 3. Pm + 7ª dim; 4. 5dim + 7ª dim.
   d) 1. 5aum + 7ª m; 2. PM + 7ª m; 3. Pm + 7ª m; 4. 5dim + 7ª m.
   e) 1. 5aum + 7ª M; 2. PM + 7ª M; 3. 5dim + 7ª dim; 4. Pm + 7ª m.

4. Assinale a alternativa que apresenta a correta sequência de intervalos da série harmônica de um som gerador qualquer, até o 8° harmônico.
   a) 8ª J – 5ª J – 4ª J – 8ª J – 3ª M – 3ª m – 2ª M – 2ª m.
   b) 8ª J – 5ª J – 4ª J – 3ª m – 3ª m – 3ª M – 2ª M – 2ª M.
   c) 8ª J – 5ª J – 4ª J – 8ª J – 3ª m – 3ª m – 2ª M – 2ª M.
   d) 8ª J – 5ª J – 4ª J – 3ª M – 3ª M – 3ª m – 2ª M – 2ª m.
   e) 8ª J – 5ª J – 4ª J – 3ª M – 3ª m – 3ª m – 2ª M – 2ª M.

5. Leia atentamente as afirmativas a seguir e assinale a alternativa que contém uma afirmação **incorreta**:
   a) A escrita para quatro vozes é chamada de *tetrafonia*.
   b) O movimento oblíquo ocorre quando as vozes seguem a mesma direção.
   c) As quatro vozes não devem movimentar-se em movimento direto.

d) O movimento contrário ocorre quando as vozes seguem direções opostas.

e) O quarteto vocal clássico é formado por soprano, contralto, tenor e baixo.

Atividades de aprendizagem

Questões para reflexão

1. O que são dissonâncias condicionais? Cite um exemplo. Em que situação os intervalos de 4ª podem ser considerados dissonâncias?

2. Por que, inicialmente, harmonizamos para vozes, e não para instrumentos?

3. Quando escrevemos uma harmonia para quatro vozes utilizando uma tríade, uma das notas precisará ser dobrada. Que notas devem ser dobradas preferencialmente?

Atividades aplicadas: prática

1. Observe as tríades escritas e a classificação dada para cada uma delas. Sem alterar a fundamental, escreva as alterações necessárias sobre as demais notas da tríade para que ela corresponda à classificação dada. Caso a tríade já esteja de acordo com a classificação, não insira alteração alguma.

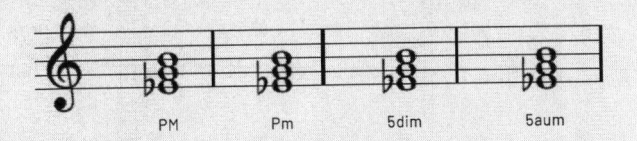

PM   Pm   5dim   5aum

2. Classifique as tríades a seguir e escreva-as na 1ª e na 2ª inversões, conforme o exemplo dado:

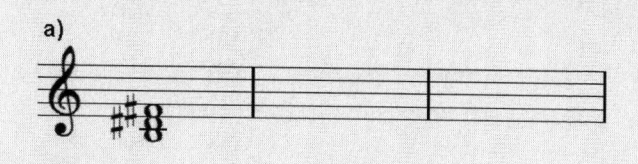

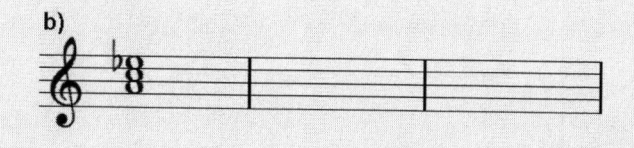

Exemplo:

Pm — 1ª inversão — 2ª inversão

a)

b)

Capítulo 4

HARMONIA E SUAS FUNÇÕES

Kostka e Payne (2012) explicam que uma das distinções entre a música ocidental e outros tipos de música é justamente a ênfase maior em aspectos harmônicos. Já comentamos que a harmonia tonal é aquela que faz uso de um centro tonal. Neste capítulo, versaremos sobre os princípios tonais que incluem as relações de tensão e de repouso. Também analisaremos algumas obras, pois, segundo Koellreutter (1978), o objetivo principal do estudo da harmonia tonal é a análise das leis que lhe são próprias, bem como sua ordem e lógica, que são indispensáveis para uma execução e interpretação correta da música.

Ainda, introduziremos um aspecto importante do estudo de harmonia, que diz respeito à função de cada acorde no discurso musical, a qual pode variar de acordo com o contexto. Uma tríade maior de Dó, por exemplo, tem uma função específica na tonalidade de Dó Maior, em que ela está no I grau, mas em Fá Maior ela assumirá outra função (IV grau), assim como em Sol Maior (V grau). Conforme o contexto, esse acorde pode representar repouso, afastamento ou aproximação – veremos esses aspectos ao longo do nosso estudo.

4.1 Tríades sobre os graus das escalas

Neste tópico, estudaremos as funções específicas de cada grau das escalas diatônicas, suas nomenclaturas próprias, e a formação das tríades sobre cada um desses graus, tanto nas escalas maiores quanto nas escalas menores.

4.1.1 Graus tonais e modais

Cada uma das notas que formam uma escala diatônica, seja ela maior ou menor, é chamada de *grau*. Os graus são numerados por algarismos romanos e, em cada escala, existem sete graus diferentes. Tratamos disso quando examinamos a formação das escalas no Capítulo 2. Alguns autores, especialmente em livros mais antigos, referiam-se à repetição do primeiro grau na 8ª superior como "VIII grau", mas, independentemente da posição do primeiro grau no pentagrama, ele será sempre o I grau. Então, se estivermos lidando com a tonalidade de Ré Maior, por exemplo, a nota Ré será sempre o I grau, e não o VIII, independentemente da posição em que se encontre. Sete notas musicais – sete graus.

Cada grau da escala recebe uma denominação específica, de acordo com sua função naquela escala. No sistema tonal, há graus mais importantes do que outros, e o primeiro grau reveste-se de especial importância, representando a estabilidade e o repouso, como detalharemos adiante.

Os graus são nominados conforme mostra a Figura 4.1.

Figura 4.1 – Graus da escala

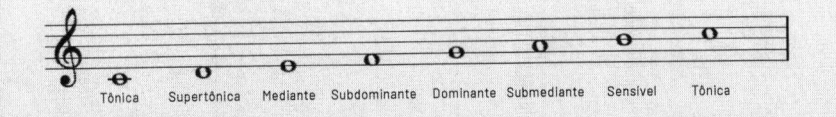

[Pentagrama com as notas indicando: Tônica, Supertônica, Mediante, Subdominante, Dominante, Submediante, Sensível, Tônica]

Esses graus dividem-se em graus modais e graus tonais.

Os **graus tonais** são aqueles que se referem à tonalidade em questão. São eles: a **tônica** (I grau), a **subdominante** (IV grau) e a

dominante (V grau). Os graus tonais formam, com a tônica, intervalos justos.

Os **graus modais** são os graus que apresentam diferenças entre o modo maior e o modo menor e, por isso, definem o modo. São eles: a **mediante** (III grau), a **submediante** (VI grau) e a **sensível** (VII grau).

Quadro 4.1 – Graus tonais e modais

Graus tonais	Graus modais
Tônica	Mediante
Subdominante	Submediante
Dominante	Sensível

Há autores que denominam o VI grau de **superdominante**. Neste livro, seguiremos a orientação de Kostka e Payne (2012), em que o VI grau é denominado **submediante**.

O VII grau é denominado *sensível* quando se encontra um semitom abaixo da tônica. Quando há um intervalo de um tom entre o VII grau e a tônica, ele é denominado **subtônica**. Assim, nas escalas menores naturais, não há sensível, mas subtônica. A alteração ascendente de VII grau inserida nas escalas menores harmônicas e melódicas transforma a subtônica em sensível, função essencial no sistema tonal. Observe a diferença entre a sensível e a subtônica na escala de Dó menor:

Figura 4.2 – Sensível e subtônica

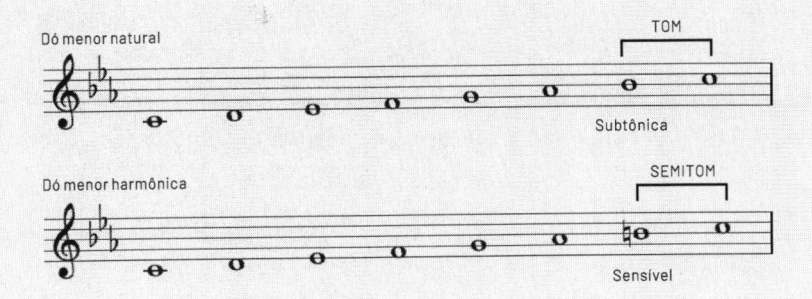

4.1.2 Tríades nas escalas maiores e menores

Sobre cada grau de cada escala diatônica, maior ou menor, é possível formar uma tríade. Essa tríade deve ser formada pelas notas da própria escala, sem alterações. Apresentamos, a seguir, um exemplo sobre a escala de Sol Maior. Sobre cada grau da escala, construiremos uma tríade, como representamos na Figura 4.3.

Figura 4.3 – Tríades sobre os graus da escala maior

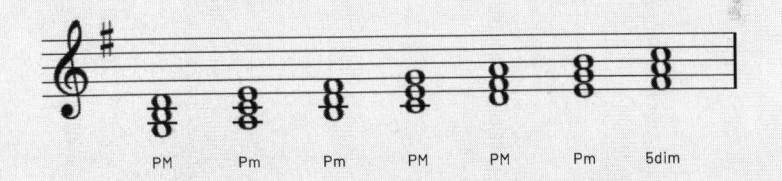

Sobre as tríades na escala maior, podemos observar:

- há três tríades maiores, localizadas no I, IV e V graus;
- há três tríades menores, localizadas no II, III e VI graus;
- há uma tríade diminuta, localizada no VII grau;
- não há tríades aumentadas no modo maior.

Em qualquer escala maior, há sempre essa configuração. Não há mudança nas tríades encontradas sobre cada grau da escala.

Como assinalamos, os graus da escala são escritos em algarismos romanos. Alguns autores utilizam somente algarismos romanos em maiúscula para representar os graus (Med, 1996; Piston, 1987; Schoenberg, 1999). Neste livro, adotaremos a notação de Kostka e Payne (2012), utilizando maiúsculas e minúsculas de acordo com a classificação das tríades maiores ou menores em questão. Para a tríade diminuta, será usado o expoente (°) ao lado dos algarismos romanos menores.

Observe, no quadro a seguir, as tríades encontradas sobre os graus das escalas maiores:

Quadro 4.2 – Tríades sobre os graus na escala maior

GRAUS	TRÍADE
I	Maior
ii	menor
iii	menor
IV	Maior
V	Maior
vi	menor
vii°	diminuta

Confira o exemplo da escrita das tríades no pentagrama, sobre cada um dos graus da escala de Sol Maior:

Figura 4.4 - Graus das tríades da escala maior

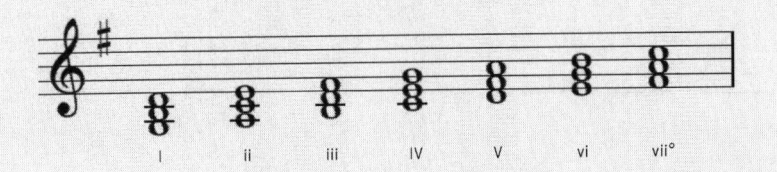

[Notação musical: I, ii, iii, IV, V, vi, vii°]

Agora, vejamos um exemplo sobre a escala de Ré menor. De igual modo, construiremos tríades sobre cada um dos graus da escala. Lembre-se de que estamos utilizando a forma harmônica da escala menor, em razão da necessidade da presença da sensível quando tratamos de harmonia tonal.

Faremos o mesmo procedimento adotado para as tríades na escala maior, havendo uma única diferença: ao escrevermos as tríades sobre escalas menores, será inserida a alteração ascendente do VII grau, grafada como alteração ocorrente, tal qual fazemos ao escrever as escalas menores harmônicas (Capítulo 2).

Figura 4.5 - Tríades sobre os graus da escala menor

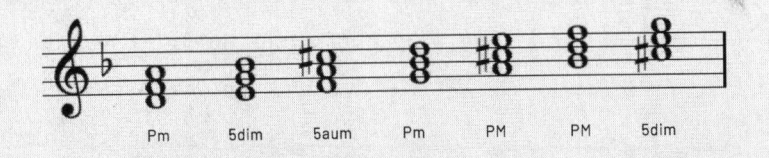

[Notação musical: Pm, 5dim, 5aum, Pm, PM, PM, 5dim]

Logo, sobre as tríades na escala menor, observamos:

- há duas tríades menores, localizadas no I e IV graus;
- há duas tríades maiores, localizadas no IV e V graus;
- há uma tríade aumentada, localizada no III grau.
- há duas tríades diminutas, localizadas no II e VII graus.

Nas tonalidades menores, há a tríade aumentada. A notação será o sinal (+) ao lado dos algarismos romanos maiores.

No quadro a seguir, listamos todas as possibilidades de cifragem das tríades diatônicas, com exemplos.

Quadro 4.3 – Cifragem das tríades diatônicas

Tríade	Algarismo Romano	Exemplo
Maior	Maiúsculo	V
menor	Minúsculo	vi
diminuta	Minúsculo com um (o)	vii°
aumentada	Maiúsculo com um (+)	III+

Fonte: Elaborado com base em Kostka; Payne, 2012.

É importante ressaltar que, na escala menor harmônica, o VII grau, ou seja, a sensível, é alterado; logo não estamos tratando simplesmente de um acidente, mas de uma alteração ocorrente que estará presente em todas os acordes em que o sétimo grau estiver inserido. Essa alteração gera alguns eventos importantes.

- A tríade de III grau, que é uma tríade aumentada, só existe em virtude da alteração do VII grau. Se não houvesse essa alteração, haveria, no III grau das escalas menores, uma tríade maior.
- A tríade de V grau é uma tríade maior em razão dessa alteração. A dominante maior é uma característica importante do sistema tonal. Veremos adiante que a atração que existe entre a dominante e a tônica apoia-se fundamentalmente na 3ª maior da dominante, que é exatamente o VII grau alterado da escala.

- A tríade de VII grau torna-se diminuta também pela alteração ascendente desse mesmo grau. A tríade seria menor, mas, em decorrência da elevação da fundamental (da tríade), torna-se diminuta.

Observe, no quadro a seguir, as tríades encontradas sobre os graus das escalas menores.

Quadro 4.4 – Tríades sobre os graus da escala menor

Graus	Tríade
i	menor
ii°	diminuta
III+	aumentada
iv	menor
V	Maior
VI	Maior
vii°	diminuta

Agora, vejamos o exemplo da escrita das tríades no pentagrama sobre cada um dos graus da escala de Ré menor:

Figura 4.6 – Graus das tríades na escala menor harmônica

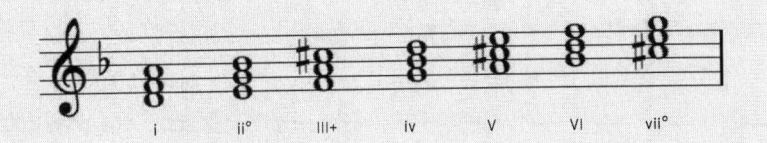

A respeito dos graus tonais, que são os graus que definem a tonalidade, eis algumas observações relevantes:

- A tríade de I grau (**tônica**) estará sempre concorde com o modo da escala. Nas escalas maiores, a tríade da tônica é maior, e, nas escalas menores, a tríade da tônica é menor.
- A tríade de quarto grau (**subdominante**) será sempre maior nas escalas do modo maior. No modo menor, ela será sempre menor se usada a escala harmônica (no entanto, essa tríade também pode ser maior se utilizada a escala menor melódica, que tem alteração ascendente no VI grau).
- A tríade de V grau (**dominante**) será sempre uma tríade maior, independentemente do modo. Dominante menor não é característica do sistema tonal.

4.2 Tétrades diatônicas

Como explicamos no Capítulo 3, as tétrades são acordes que se formaram pela incorporação de uma dissonância (intervalo de 7ª) em relação à fundamental. Também podemos dizer que são acordes que acrescentam uma 3ª às tríades das escalas maiores e menores.

Alguns autores concordam que esses acordes têm caráter mais ornamental do que propriamente estrutural, uma vez que a estrutura da harmonia tonal está apoiada nos acordes de três sons (tríades).

Para cifrarmos esses acordes, apenas acrescentamos o número 7 no expoente junto à cifra da tríade. Já mostramos a cifragem das tríades sobre a escala de Sol Maior, agora apresentaremos a cifragem das tétrades sobre a mesma escala:

Figura 4.7 – Tétrades na escala maior

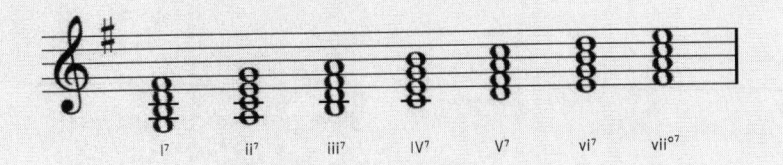

Da mesma forma, vamos atentar à cifragem das tétrades sobre a escala de Ré menor (harmônica); lembremos que, na Figura 4.6, já mostramos a cifragem das tríades.

Figura 4.8 – Tétrades na escala menor

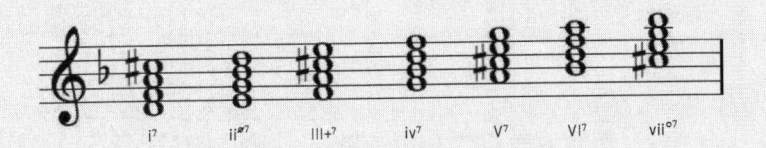

É importante notar que há duas cifragens muito parecidas, porém diferentes para os acordes de 7ª que têm tríades diminutas em sua formação:

- Quando há uma tríade diminuta e uma 7ª menor, configura-se a tétrade chamada de *7ª da sensível* ou, mais popularmente, *acorde meio diminuto*. A cifragem desse acorde tem seu expoente "cortado". Podemos encontrar essa tétrade no VII grau das escalas maiores e no II grau das escalas menores.

Figura 4.9 – 7ª da sensível

Lá maior — vii⁷

Sol menor — ii⌀⁷

- Quando há uma tríade diminuta e a 7ª também diminuta, configura-se a tétrade denominada *7ª diminuta*. O expoente desse acorde não é cortado. Essa tétrade é encontrada no VII grau das escalas menores.

Figura 4.10 – 7ª diminuta

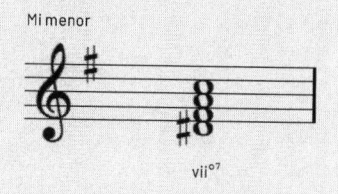

Mi menor — vii°⁷

Para melhor compreensão da estrutura das tétrades diatônicas, seguiremos a classificação de Assis (2016), que aponta a classificação das tétrades em sete espécies diferentes. Apesar de não ser mais utilizada a classificação em espécies, ela se mostra muito didática para a compreensão da estrutura dos acordes de 7ª. Observe o quadro a seguir.

Quadro 4.5 – Classificação das tétrades

Classificação dos acordes de 7ª (tétrades)		
1ª espécie	PM + 7m (7ª da dominante)	V grau das escalas maiores e menores
2ª espécie	Pm + 7m (7ª menor)	ii, iii e vi graus das escalas maiores iv grau das escalas menores
3ª espécie	5dim + 7m (7ª da sensível ou "meio diminuto")	vii° grau das escalas maiores ii° grau das escalas menores
4ª espécie	PM + 7M (7ª maior)	I e IV grau das escalas maiores VI grau das escalas menores
5ª espécie	Pm + 7M	i grau das escalas menores
6ª espécie	5aum + 7M	III+ grau das escalas menores
7ª espécie	5dim + 7dim (7ª diminuta)	vii° grau das escalas menores

Fonte: Elaborado com base em Assis, 2016.

Na figura a seguir, mostramos os acordes formados de acordo com a classificação em espécies.

Figura 4.11 – Classificação dos acordes de 7ª segundo sua estrutura

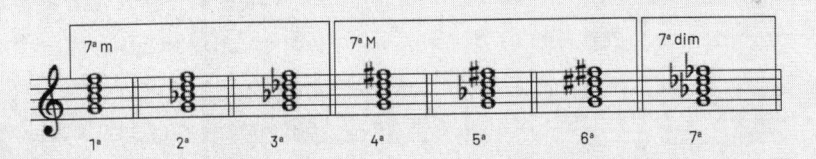

Fonte: Assis, 2016, p. 32.

Como têm quatro notas, na escrita para quatro vozes, os acordes de 7ª são utilizados em sua forma completa. Menos frequentemente, podemos suprimir a 3ª ou a 5ª das tétrades, que não têm intervalos diminutos ou aumentados. Já nos demais acordes, que se encontram no VII grau do modo maior, I grau do modo menor (intervalo aumentado entre a 3ª e a 7ª do acorde), II e III graus do modo menor, pode ser suprimida a nota que não é parte do intervalo aumentado ou diminuto. Contudo, não pode ser suprimida a 7ª do acorde. No caso de haver supressão de alguma nota, é comum que a fundamental seja duplicada e que a 7ª esteja sempre na voz superior (Assis, 2016).

4.3 Escrita cifrada e harmonia

Chamamos de *escrita cifrada* ou *cifragem* o conjunto de notações colocadas sob a nota do baixo, que tem a função de indicar não apenas a formação do acorde, mas também o estado em que ele se encontra. Descrevemos, até agora, a cifragem para tríades e tétrades diatônicas nas escalas maiores e menores, sempre em estado fundamental. Então, aprofundaremos esse estudo sobre a escrita cifrada, observando também a cifragem nos acordes de 5ª (tríades) e de 7ª (tétrades) invertidos.

Na cifragem, são usados números que indicam em que estado se encontra o acorde. Esses números derivam de um sistema, usado no Barroco, chamado *baixo cifrado*. O baixo cifrado (ou baixo contínuo) consistia em números que acompanhavam a linha do baixo, os quais indicavam os intervalos acima do baixo a serem executados. Esses intervalos poderiam ser tocados em qualquer 8ª acima do baixo (Kostka; Payne, 2012).

Vejamos o quadro a seguir, que ilustra o baixo cifrado, mostrando os símbolos para o estado fundamental e as inversões da tríade de Sol maior e tétrade de Sol maior com a 7ª maior.

Quadro 4.6 – Baixo cifrado

Sonoridade desejada							
Símbolo completo do baixo cifrado	5 3	6 3	6 4	7 5 3	6 5 3	6 4 3	6 4 2
Símbolo mais utilizado		6	6 4	7	6 5	4 3	4 2
Como achar a fundamental	Nota do baixo	Sexta acima do baixo	Quarta acima do baixo	Nota do baixo	Sexta acima do baixo	Quarta acima do baixo	Segunda acima do baixo

Fonte: Kostka; Payne, 2012, p. 42.

Se um acidente fosse colocado ao lado do numeral arábico, ele serviria para abaixar ou elevar uma nota. Se o acidente fosse inserido sozinho, ele sempre estaria se referindo à 3ª acima do baixo, alterando aquela nota (Kostka; Payne, 2012). Confira o exemplo da figura a seguir.

Figura 4.12 – Alterações no baixo cifrado

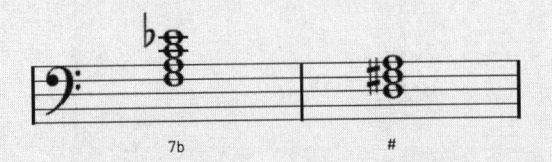

Kostka e Payne (2012) afirmam, ainda, que existem paralelos interessantes entre o baixo cifrado e as cifras populares desenvolvidas no século XX, pois os dois tipos de escrita facilitaram o processo de notações, dando certa liberdade para o intérprete. Curioso é notar que o baixo cifrado fornecia a linha de baixo para que fossem construídos acordes acima dela, ao passo que a cifra popular é escrita junto a uma melodia, indicando acordes que devem ser formados abaixo dela.

A cifragem é um aspecto que fornece informações que são de grande ajuda nos estudos de harmonia, e alguns poucos símbolos do baixo cifrado foram adaptados para a análise harmônica. Detalharemos, a seguir, a cifragem dos acordes de três e quatro sons, tanto em estado fundamental quanto em suas inversões.

Como demonstramos no Capítulo 3, as tríades podem ser encontradas em três estados distintos: (1) estado fundamental (quando a nota mais grave é a fundamental); (2) 1ª inversão (quando a nota mais grave é a 3ª do acorde); e (3) 2ª inversão (quando a nota mais grave é a 5ª do acorde).

Observemos a tríade de V grau na tonalidade de Sol Maior.

Figura 4.13 – Tríade de Sol Maior: estado fundamental

Conforme explicamos no Capítulo 3, quando escrevemos para quatro vozes, precisamos dobrar uma das notas da tríade. Nesse caso, foi dobrada a fundamental, que é preferencialmente a primeira escolha para dobramento. Na cifragem, indicamos o I grau com algarismo romano maiúsculo, porque essa é uma tríade maior.

É importante lembrar que as notas do acorde (vozes superiores) podem estar em qualquer ordem. O que determina o estado do acorde é sua nota mais grave, ou seja, o baixo.

Agora, observaremos essa mesma tríade na 1ª inversão, situação em que a 3ª do acorde se encontra no baixo. Como fazer a indicação do estado dessa tríade? Temos de atentar ao intervalo formado entre o baixo (a nota mais grave do acorde) e a fundamental (nota que dá nome ao acorde). O intervalo formado é um intervalo de 6ª. Por essa razão, tríades em 1ª inversão são indicadas com o número 6 ao lado dos algarismos romanos, como explicitado na Figura 4.14.

Figura 4.14 – Tríade de Sol Maior: 1ª inversão

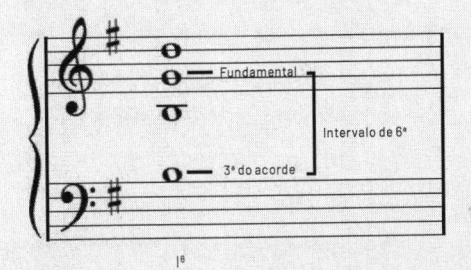

Analisemos, a seguir, a mesma tríade na 2ª inversão, situação em que há a 5ª do acorde no baixo. Podemos notar que são formados intervalos de 4ª e 6ª entre o baixo e a 3ª e entre o baixo e a fundamental do acorde, respectivamente. Por essa razão, tríades em 2ª inversão são cifradas com os números 4 e 6 ao lado dos algarismos romanos.

Figura 4.15 – Tríade de Sol Maior: 2ª inversão

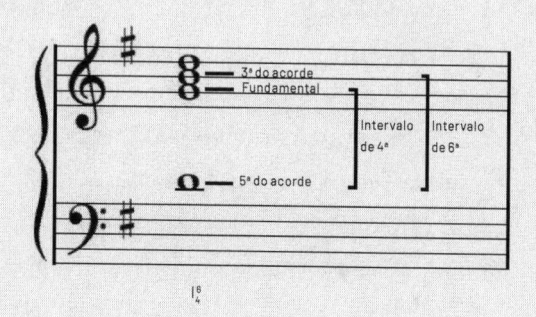

De acordo com Assis (2016, p. 29, grifo do original), os acordes de 5ª (tríades) invertidos "também são conhecidos como **acordes de sexta**, devido ao intervalo de sexta que se forma entre a fundamental e a terça que está no baixo (na primeira inversão) e entre a terça e a quinta (na segunda inversão)".

As tétrades, que também foram detalhadas no Capítulo 3, podem ser encontradas em quatro estados distintos: (1) estado fundamental (quando a nota mais grave é a fundamental); (2) 1ª inversão (quando a nota mais grave é a 3ª do acorde); (3) 2ª inversão (quando a nota mais grave é a 5ª do acorde); e (4) 3ª inversão (quando a nota mais grave é a 7ª do acorde). A única diferença em relação às tríades é a inclusão da 3ª inversão.

Explicitaremos a cifragem dos acordes de 7ª no estado fundamental e em suas inversões. Usaremos como exemplo o acorde de dominante (V grau) na escala de Dó Maior. Esse algarismo romano é maiúsculo porque o acorde em questão é um acorde maior.

Figura 4.16 – Inversão das tétrades

Estado fundamental	1ª inversão	2ª inversão	3ª inversão
V⁷	V⁶₅	V⁴₃	V²

As cifras referem-se aos intervalos formados com a fundamental e a 7ª, da seguinte forma:

- no estado fundamental, há a fundamental no baixo e a indicação da presença da 7ª;
- na 1ª inversão, o baixo (Si) forma um intervalo de 6ª com a fundamental (Sol), e um intervalo de 5ª com a 7ª do acorde (Fá).
- na 2ª inversão, o baixo (Ré) forma um intervalo de 4ª com a fundamental (Sol), e um intervalo de 3ª com a 7ª do acorde (Fá).
- na 3ª inversão, o baixo (Fá) forma um intervalo de 2ª com a fundamental (Sol).

É fácil lembrarmos da cifragem dos acordes de 7ª: ela vai "decrescendo" a cada inversão. Vejamos:

- estado fundamental – **7**;
- 1ª inversão – **6 5**;
- 2ª inversão – **4 3**;
- 3ª inversão – **2**.

No quadro a seguir, mostramos a notação numérica utilizada na cifragem de todos os acordes de 5ª e de 7ª no estado fundamental e em suas inversões.

Quadro 4.7 – Cifragem

Tríades		Tétrades	
Estado fundamental	–	Estado fundamental	7
1ª inversão	6	1ª inversão	6 5
2ª inversão	6 4	2ª inversão	4 3
		3ª inversão	2

4.4 Cadências e ritmo harmônico

Até este ponto, fizemos uma revisão teórica de conteúdos básicos da linguagem musical: explicamos a formação de acordes, detalhamos as tríades como um construto básico para as harmonizações e esclarecemos como inserir a cifragem nos acordes de 5ª e de 7ª. A seguir, após a exposição de todo esse conteúdo de base, abordaremos a parte mais interessante da harmonia, que são os encadeamentos. Analisaremos o que são as cadências, seus tipos e as maneiras de tratarmos os encadeamentos entre os acordes que as constituem. Esse conhecimento abre um grande leque de possibilidades para a criação e a análise musical.

> **Importante!**
>
> É muito importante que você realize os exercícios de harmonia com seu instrumento musical preferido servindo de apoio. Mais do que compreender as cadências e os demais encadeamentos,

> você precisa ouvi-los, tocá-los, sentir as diferenças entre acordes, suas posições e inversões, analisando-os não somente do ponto de vista teórico, mas também na prática.

Observe, no esquema a seguir, que os acordes formam encadeamentos, que estão em determinado campo tonal, e a harmonia é formada por todas essas relações juntas.

Figura 4.17 – Esquema

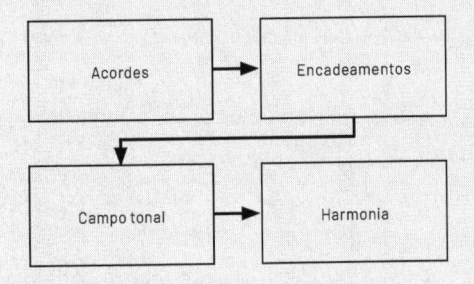

```
   Acordes  →  Encadeamentos
      ↓
 Campo tonal →  Harmonia
```

4.4.1 Cadências

Os graus das escalas e suas configurações são o principal ponto na identificação das funções harmônicas, que delineiam todo o contorno de uma frase musical. Existe um critério para compreender o início, o meio e o fim dessa frase musical e, para que esse critério seja claro, precisamos observar o uso dos graus mais importantes da escala (a tônica, a dominante e a subdominante), pois, com base neles, podemos definir com clareza a tonalidade. Com o estabelecimento desses acordes, podemos realizar atividades de criação e análise musical; para tanto, é importante conhecer as cadências (Dittrich; Gonçalves, 2015).

E o que são cadências? Dittrich e Gonçalves (2015, p. 79) explicam que elas "são pontuações musicais, a sintaxe da música tonal". Assim como a sintaxe identifica as palavras como elementos de uma frase considerando a relação entre elas, as cadências identificam os elementos de um discurso musical, ressaltando os movimentos de aproximação, afastamento e repouso, permitindo perceber se a música está em seu início, seu desenvolvimento ou sua finalização. Observe o que Kostka e Payne (2012, p. 131, grifo nosso) descrevem sobre essa questão:

> Apesar de a última meta de uma composição tonal ser a tônica final, existem também muitas metas harmônicas interiores encontradas no decorrer da peça, algumas delas tríades de tônicas e algumas não. Estas metas interiores podem ser alcançadas a uma razão razoavelmente regular (frequentemente a cada quatro compassos), ou às vezes seu surgimento pode não formar qualquer padrão. Usamos o termo **cadência** para indicar uma meta harmônica, mais especificamente os acordes ali usados. Existem diversos tipos de cadências encontradas comumente na música tonal. Algumas cadências soam mais ou menos conclusivas, ou finais, enquanto outras nos deixam desequilibrados, sentido a necessidade de que a música continue.

Assis (2016, p. 11) define *cadência* como "movimento harmônico resultante da relação entre acordes que estabelecem um sentido de resolução de tensões de notas atrativas. Esse movimento pode adiar, reforçar ou intensificar o efeito conclusivo de uma sequência harmônica ou frase musical". Schoenberg (1999) qualifica as cadências como meios de encontrar um caminho para retornar à tônica (repouso).

Para o estudo de harmonia, é muito importante reconhecer e construir as principais cadências, uma vez que elas estabelecem e fortalecem o sentido de tonalidade.

Dudeque (2003a) afirma que o modelo cadencial completo apresenta a organização indicada na figura a seguir.

Figura 4.18 – Modelo cadencial

> Repouso > Abandono do repouso > Tensão > Resolução e repouso >

Fonte: Elaborado com base em Dudeque, 2003a.

Cadência autêntica perfeita

A cadência autêntica perfeita (CAP) é o encadeamento do V grau (dominante) com o I grau (tônica). Kostka e Payne (2012) afirmam que o termo *autêntica* não é muito adequado, pois predicar assim uma cadência implicaria concluir que as demais cadências seriam "menos autênticas". A CAP estabelece com clareza a tonalidade. Isso ocorre, especialmente, pela atração intensa que acontece entre a sensível e a tônica. Ela é a cadência mais conclusiva de um trecho musical, embora também possa figurar em qualquer parte da música.

Para caracterizar uma CAP, é necessário que:

- haja uma progressão V – I ou V^7 – I;
- ambos os acordes estejam no estado fundamental;
- a tônica esteja na melodia do soprano no acorde de I grau.

Apresentamos um exemplo, na figura a seguir, de CAP na tonalidade de Lá Maior.

Figura 4.19 – Cadência autêntica perfeita: tenor na clave de Sol

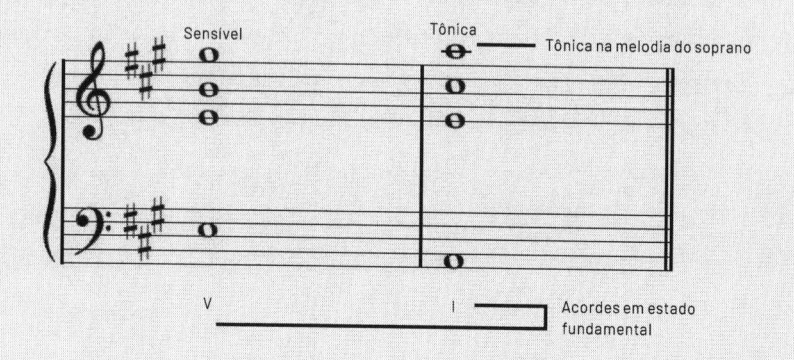

[Partitura: Sensível → Tônica; Tônica na melodia do soprano; V → I; Acordes em estado fundamental]

Observe que a sensível (VII grau) "chama" a tônica (I grau) para a resolução. O VII grau é designado *sensível tonal*, em razão da força de atração que tem para a tônica.

Os dois acordes estão no estado fundamental, ou seja, não há inversões. Ainda, a tônica está no soprano, no acorde de I grau. Todos os requisitos para uma CAP são cumpridos nessa progressão.

Na figura anterior, o tenor está escrito na clave de Sol, o que também é possível. Na figura a seguir, está expressa exatamente a mesma cadência, no entanto, o tenor está escrito na clave de Fá. Não há diferença se o tenor estiver na 8ª correta. Confira:

Figura 4.20 – Cadência autêntica perfeita: tenor na clave de Fá

[Partitura: V → I]

Depreendemos daí algumas orientações para condução das vozes presentes nesse encadeamento:

- o baixo e o soprano movem-se em movimento contrário;
- as vozes intermediárias movem-se por graus conjuntos;
- a nota comum aos dois acordes é mantida na mesma voz.

Quando a CAP ocorre encadeando uma progressão em que o acorde de dominante contém a 7ª, o poder de atração fica mais acentuado. Isso porque o acorde de 7ª da dominante contém, em sua estrutura, as notas atrativas sobre as quais comentamos, que são o IV e o VII graus. O VII grau é uma sensível tonal, ao passo que o IV grau é uma sensível modal, pois sua resolução será por semitom para a 3ª do acorde de tônica (no caso de tonalidades maiores), ou por tom (no caso de tonalidades menores).

Figura 4.21 – Cadência autêntica perfeita: V^7 – I

Essa cadência tem maior poder de atração para a tônica em razão da presença do trítono no acorde de dominante. Podemos percebê-lo entre as notas do contralto e do soprano (Si bemol e Mi). Essa 4ª aumentada está sendo resolvida na 6ª menor (Lá e Fá). No acorde de tônica, há a fundamental triplicada, para deixar a condução das vozes mais equilibrada.

Note, na figura a seguir, a mesma cadência, desta vez em tonalidade menor.

Figura 4.22 – Cadência autêntica perfeita: V^7 – i

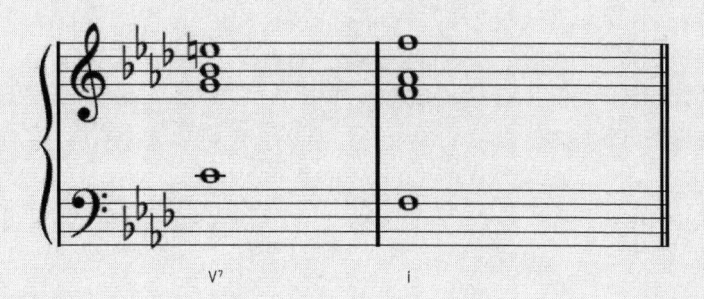

Na tonalidade menor, há a 4ª aumentada resolvida na 6ª maior (Lá bemol e Fá). O IV grau se move para o III por intervalo de tom.

Cadência autêntica imperfeita

Kostka e Payne (2012) descrevem como cadência autêntica imperfeita (CAI) qualquer cadência autêntica que não seja considerada perfeita. Os autores distinguem três subcategorias, conforme indicado no quadro a seguir.

Quadro 4.8 – Cadências autênticas imperfeitas (CAI)

CAI	Características
Em posição fundamental	Tem a 3ª ou a 5ª do acorde de I grau na melodia do soprano.
Invertida	Um ou ambos os acordes não se encontram no estado fundamental.
Sensível	Utiliza o vii° em substituição do acorde de V grau.

Fonte: Elaborado com base em Kostka; Payne, 2012.

Cadência plagal

Esse tipo de cadência é também conhecido como *cadência do amém*, porque é muito utilizada para finalizar hinos litúrgicos. Assis (2016) esclarece que a cadência plagal é um encadeamento em que o acorde que antecede o acorde de tônica é um acorde diferente do acorde de dominante, e, em geral, esse acorde é o de IV grau (subdominante). Kostka e Payne (2012, p. 134) declaram que a cadência plagal "envolve tipicamente uma progressão IV – I". Acrescentam que, apesar de soarem conclusivas, elas não são tão importantes como a CAP para a música tonal.

Figura 4.23 – Cadência plagal

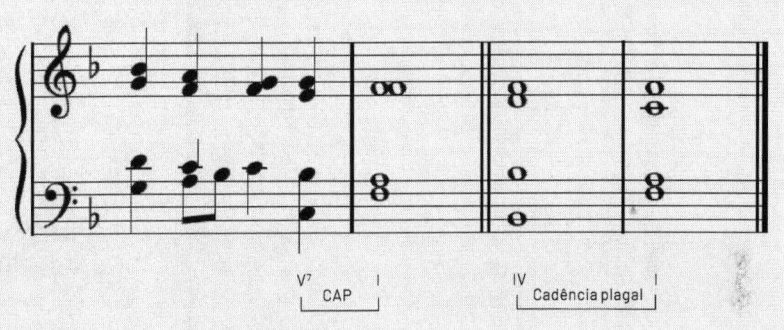

Fonte: Elaborado com base em Roberts; Warren, 1876-1892.

Cadência de engano

A cadência de engano (CE) é também chamada de *cadência interrompida, cadência suspensiva, falsa cadência, cadência evitada* ou *cadência deceptiva* (Assis, 2016). Kostka e Payne (2012) descrevem a CE como uma cadência em que existe a expectativa de uma cadência autêntica (V – I), mas, em vez disso, o acorde de tônica é substituído por outro acorde. Koentopp (2010, p. 116) afirma que "ela resulta da decepção do encadeamento V – I onde o I grau é substituído por outro". O mais comum é a progressão entre o acorde de dominante (V grau) e o acorde de submediante (vi grau). Por não comunicar a sensação de estabilidade, uma CE não deve ser usada na finalização de uma obra tonal. Em geral, a CE é usada com o intuito de prolongar a obra por mais alguns compassos, até a finalização em uma cadência que produza sensação de repouso tonal.

Figura 4.24 – Cadência de engano

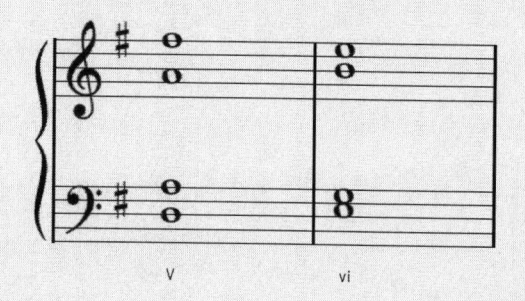

Meia cadência

A meia cadência (MC) também é conhecida como *cadência à dominante* ou *semicadência*. Ela é uma cadência instável, que se finaliza no acorde de dominante, podendo ser precedido por qualquer outro acorde.

Um tipo de meia cadência muito conhecido é a **meia cadência frígia**. Essa cadência ocorre apenas no modo menor, com a progressão entre os acordes de subdominante e dominante (IV^6 – V). Kostka e Payne (2012, p. 134) explicam que "o nome se refere à cadência encontrada no período da polifonia modal (antes de 1600)".

Figura 4.25 – Meia cadência

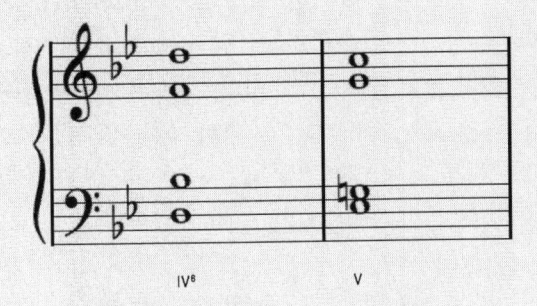

$$\text{iv}^6 \qquad \text{V}$$

Observe, no quadro a seguir, as cadências aqui estudadas.

Quadro 4.9 – Cadências

Progressão	Cadência
V – I (ou V – i)	Cadência autêntica perfeita (CAP)
IV – I (ou iv – I)	Cadência plagal (CP)
V não seguido de I, em geral, V – vi	Cadência de engano (CE)
iv^6 – V	Meia cadência frígia

Portanto, as cadências cumprem diversas funções na harmonia. Elas podem estender a finalização de uma frase musical, reforçar a frase ou realçar o efeito de conclusão de uma progressão harmônica. Segundo Assis (2016, p. 11), as cadências são um "movimento harmônico resultante da relação entre acordes que estabelecem um sentido de resolução de tensões de notas atrativas". As cadências que citamos nesta seção são aplicáveis à maioria das músicas tonais.

Kostka e Payne (2012) descrevem uma classificação ainda mais ampla nas cadências, dividindo-as em dois grupos: as cadências conclusivas e as cadências progressivas. Como o próprio nome faz supor, as **cadências conclusivas** são as que concluem uma frase musical – CAP e CP. As **cadências progressivas** são as que não finalizam um trecho, mas apontam para uma finalização mais à frente – CE e MC.

Confira o Quadro 4.10 a seguir, que apresenta os tipos de cadências que mencionamos e as caraterísticas mais importantes dos acordes que as constituem.

Quadro 4.10 – Acordes que constituem as cadências

Tipos de cadência	Primeiro acorde	Segundo acorde
Autêntica	Contém a sensível	Tônica
Plagal	Não contém a sensível	Tônica
Engano	Contém a sensível	Não é a tônica
Meia	Não contém a sensível	Não é a tônica

Fonte: Kostka; Payne, 2012, p. 135.

Apenas as cadências que finalizam no acorde de tônica podem ser consideradas cadências conclusivas.

4.4.2 Ritmo harmônico

Belkin (2008) define como *ritmo harmônico* a frequência na mudança de acorde e acrescenta que esse ritmo determina o quanto de informação nova o cérebro precisa processar a cada mudança. O ritmo harmônico é sempre percebido em relação a um padrão, e movimentos que geram um ritmo harmônico mais regular tendem a criar maior estabilidade estrutural e vice-versa.

Kostka e Payne (2012) definem como *ritmo harmônico* o ritmo da troca de acordes em uma música, e esse ritmo é maior do que apenas um acorde por compasso. É importante ressaltar que, como regra geral, o acorde de finalização de uma cadência deve estar sempre em tempo mais forte do que o acorde que o antecede.

A figura a seguir mostra um exemplo dessa orientação dos autores em compasso quaternário. Entre parênteses figuram as possibilidades de utilização do acorde com a 5ª no baixo (compasso 6/4).

Figura 4.26 – Ritmo harmônico: compasso quaternário

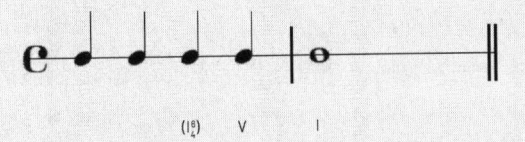

(I$^6_4$) V I

Fonte: Kostka; Payne, 2012, p. 135.

Na figura a seguir, podemos notar o mesmo processo em compasso ternário. Observe que, nas duas situações, o acorde final (acorde de tônica) está no tempo forte do último compasso.

Figura 4.27 – Ritmo harmônico: compasso ternário

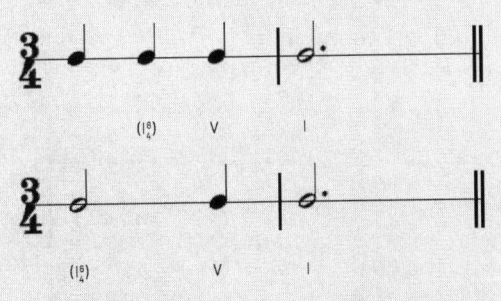

(I$^6_4$) V I

(I$^6_4$) V I

Fonte: Kostka; Payne, 2012, p. 135.

4.5 Exemplos de análises harmônicas

Neste ponto, podemos nos debruçar sobre outro aspecto do estudo de harmonia: a análise musical. Agora que já apresentamos algumas orientações sobre encadeamentos, indicamos as principais cadências, podemos tratar da construção e da estrutura harmônica de algumas músicas. É importante que você esteja bastante atento a tudo o que acontece nas progressões analisadas; por isso, tenha ao seu lado seu instrumento preferido para tocar os exemplos que apresentaremos para que consiga perceber as sensações de repouso, afastamento e aproximação que cada acorde promove conforme o contexto em que está inserido.

Koellreutter (1978, p. 45) explica que a análise é um meio para se ter consciência daquilo que estamos ouvindo, destacando que, "no caso de divergência entre audição e análise, geralmente a análise é incorreta". Isso evidencia a importância da percepção auditiva no processo de análise.

Analisemos, na figura a seguir, uma harmonização simples, com cinco compassos, contemplando o maior número de detalhes possível sobre ela.

Figura 4.28 – Exemplo de harmonização

```
    I   iii  IV   V   vi   ii   V⁷   I
              └────┬────┘  └────┬────┘
                  CE              CAP
```

Observe alguns pontos importantes:

- os limites de extensão vocal são respeitados;
- baixo e soprano caminham sempre por movimentos contrários;
- há uma correta combinação da utilização de graus tonais e modais, o que deixa a harmonização equilibrada;
- há uma CAP finalizando o trecho, o que estabelece a tonalidade com segurança, e os dois acordes que formam a CAP estão em estado fundamental;
- no acorde final, consta o I grau na voz do soprano;
- o acorde final tem a fundamental triplicada, por ser, nesse caso, a melhor opção para o encadeamento das vozes.

No exemplo a seguir, um trecho harmonizado utiliza acordes invertidos. A inversão dos acordes pode ser adotada quando pretendemos deixar o baixo mais melódico ou mesmo modificar o colorido dos encadeamentos.

Figura 4.29 – Exemplo de harmonização com acordes invertidos

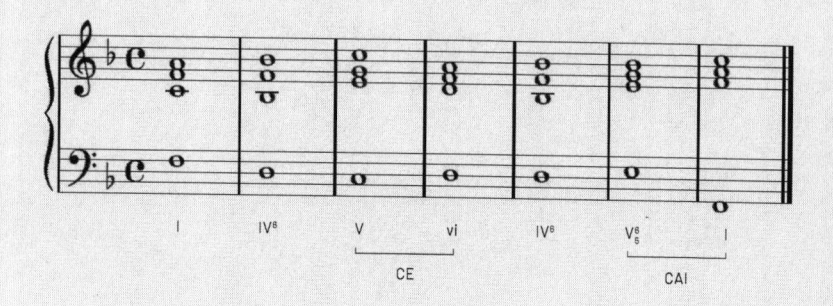

        I   IV⁶   V   vi   IV⁶   V$^6_5$ I
               CE   CAI

Em encadeamentos em que estão sendo utilizados acordes em posição 6 ou 6,5 (tétrades), não convém repetir a 3ª do acorde que está no baixo nas vozes superiores. Quando se trata de tríades, convém dobrar a fundamental ou a 5ª do acorde, deixando a 3ª somente no baixo.

Note que a cadência autêntica do final não é uma CAP porque o acorde de dominante não se encontra em estado fundamental.

Acordes em 2ª inversão (com a 5ª no baixo) são utilizados com menor frequência, porque essa inversão não comunica uma sensação de repouso e, em geral, pede uma resolução da 4ª justa formada com o baixo por intervalo de semitom. No entanto, um uso mais frequente dessa inversão ocorre quando o acorde se encontra em uma CAP, que, nesse caso, pode ser chamada de **cadência dominante apojatura**. Fornecemos um exemplo desse tipo de cadência na figura a seguir.

Figura 4.30 – Exemplo de cadência dominante apojatura

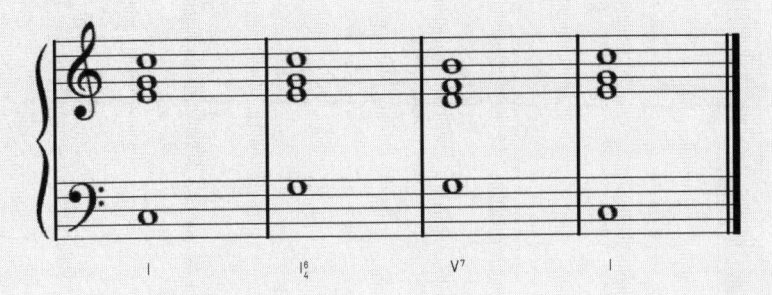

| I | I$^6_4$ | V^7 | I |

Essa cadência tem tal denominação porque o acorde de I grau na 2ª inversão pode ser considerado um acorde de V grau com duas notas apojaturas que são resolvidas no acorde seguinte. Se esse acorde de I grau na 2ª inversão for um acorde de V grau, as notas que pedem resolução serão a 4ª (Dó) e a 6ª (Mi). A 4ª é resolvida na 3ª (Si) e a 6ª é resolvida na 5ª (Ré).

Audição livre

No vídeo indicado a seguir está a *Cantata BWV 19*. A partir de 18 minutos e 9 segundos, você poderá ouvir o coral, prestando atenção aos últimos compassos, que analisaremos a seguir.

MUSICART61. **Bach** - Cantate BWV 19 - Es erhub sich ein Streit. 1 vídeo (19 min 38 s). Disponível em: <https://www.youtube.com/watch?v=PXg66t_K-QI>. Acesso em: 9 ago. 2022.

Observemos, então, a harmonia do trecho musical da Figura 4.31, que apresenta os compassos finais do Coral de Bach, *Es Erhub Sich Ein Streit*, da *Cantata n. 19* (Bach, 1726).

Figura 4.31 – *Es Erhub Sich Ein Streit*

[partitura musical com cifragem: I V I ii⁶ V I V I]

Fonte: Elaborado com base em Bach, 1726.

A maioria dos autores concorda que a forma coral evidencia de modo muito claro as relações harmônicas da música. A cadência se mostra muito presente, e a cadência perfeita é determinante para as relações tonais, de repouso, afastamento e aproximação, bem como a dinâmica da música. Você pode apreciar a fantástica harmonia de Bach nessa obra, que tem as cadências muito valorizadas; e os corais se mostram como cadências expandidas. Koellreutter (1978, p. 45) afirma que "mais do que qualquer outra forma musical, o coral revela rigor e lógica das relações harmônico-funcionais da música clássica".

Audição livre

Observemos, agora, a estrutura dos compassos iniciais do hino *Old Hundredth* (1551), de Louis Bourgeois. Você pode conferir a obra completa, cantada em português, no vídeo indicado a seguir:

IGREJA CRISTÃ MARANATA. Louvor – A Deus, supremo benfeitor - Igreja Cristã Maranata; 1 vídeo (2 min 11 s). Disponível em: <https://www.youtube.com/watch?v=tXxIP2mx71w>. Acesso em: 9 ago. 2022.

Figura 4.32 – *Old Hundredth*

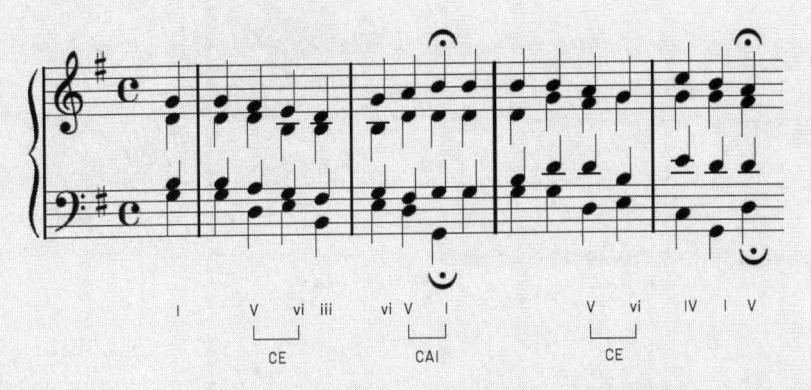

[Partitura musical com cifragem harmônica:
I | V vi iii | vi V I | V vi IV I V
          CE   CAI   CE]

Fonte: Bourgeois, 1551.

Essa peça tem uma característica interessante em sua construção: da anacruse (nota que antecede o primeiro tempo forte) até o fim do primeiro compasso, todos os acordes estão em posição fechada. Durante todo o segundo compasso até o primeiro tempo do terceiro compasso, todos os acordes estão em posição aberta. A partir do segundo tempo do terceiro compasso, os acordes voltam para a posição fechada. A alternância de acordes fechados e abertos confere um colorido interessante e diferente para a obra.

Observe que o trecho que está na figura anterior não apresenta uma cadência final, uma vez que o último compasso mostra um acorde de dominante. Trata-se de um trecho intermediário da música.

Ainda, existe uma CAI no segundo compasso; mas será que essa cadência não poderia ser classificada como uma CAP? Observe novamente a cadência (cifrada como V – I).

Relembremos as características de uma CAP:

- Deve haver uma progressão V – I ou V^7 – I; no caso, há uma progressão V – I, logo, esse requisito foi atendido.
- Os acordes de V e I grau devem estar em estado fundamental – o acorde de V grau (dominante) tem o Ré no baixo, e o acorde de I grau (tônica) tem o Sol no baixo; logo, ambos estão em estado fundamental, sem inversões.
- A tônica tem de estar na melodia do soprano no acorde de I grau; nessa cadência, isso não acontece, porque a 3ª do acorde de tônica (Si) está no soprano.

Por conseguinte, em razão do último requisito não atendido, essa é uma cadência autêntica, mas não perfeita. Trata-se de uma CAI.

Cada músico terá seu estilo de harmonizar; aliás, o tratamento pessoal dado ao encadeamento dos acordes é base para o trabalho de composição. No entanto, não podemos perder de vista que existem algumas progressões harmônicas que são típicas da harmonia tonal, e outras não são. Kostka e Payne (2012) propõem o exemplo de harmonização exposto na Figura 4.33, que soa bastante adequado aos princípios da harmonia tonal:

Figura 4.33 – Harmonização proposta por Kostka e Payne (2012)

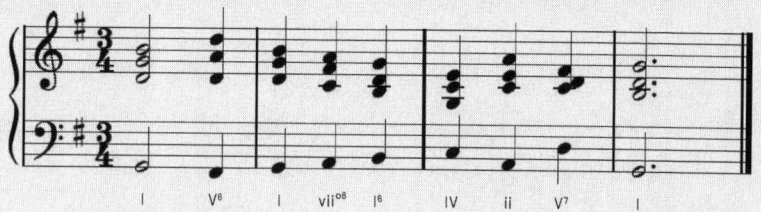

I   V^6 I   vii^{o6} I^6 IV   ii   V^7 I

Fonte: Kostka; Payne, 2012, p. 89.

Diante de dúvida sobre a direção a ser seguida, convém seguir a orientação e os caminhos apontados por músicos experientes. Walter Piston (1987) descreve as possibilidades para encadeamentos de acordes mostrados no Quadro 4.11.

Quadro 4.11 – Possibilidades de encadeamentos

I	É seguido pelo IV ou V	Às vezes pelo VI	Menos frequentemente pelo II ou III
II	É seguido pelo V	Às vezes pelo IV ou V	Menos frequentemente pelo I ou III
III	É seguido pelo VI	Às vezes pelo IV	Menos frequentemente pelo I, II ou III
IV	É seguido pelo V	Às vezes pelo I ou II	Menos frequentemente pelo III ou VI
V	É seguido pelo I	Às vezes pelo IV ou VI	Menos frequentemente pelo II ou III
VI	É seguido pelo II ou V	Às vezes pelo III ou IV	Menos frequentemente pelo I
VII	É seguido pelo III	Às vezes pelo I	-

Fonte: Elaborado com base em Piston, 1987.

Síntese

Neste capítulo, apresentamos aspectos muito importantes sobre a harmonia tonal. Iniciamos abordando os graus tonais e modais e, em seguida, examinamos a formação das tríades e das tétrades sobre as escalas maior e menor harmônica. Também analisamos a estrutura dos sete tipos de tétrades diatônicas e sua localização sobre os graus das escalas.

Ainda, detalhamos a cifragem dos acordes, que têm sua origem no baixo cifrado, e explicamos como realizar essa cifragem tanto em acordes no estado fundamental quanto em suas inversões.

Nossa escrita sobre progressões harmônicas e encadeamentos tomou por base as principais cadências utilizadas no sistema tonal, com descrições e exemplos de cada uma delas.

Finalizando o capítulo, comentamos alguns exemplos de análises harmônicas. Com base nisso, esperamos que você esteja apto a escrever as próprias harmonizações.

Atividades de autoavaliação

1. Assinale a alternativa que apresenta os graus que formam intervalos justos com a tônica, tanto no modo maior quanto no modo menor:
    a) Mediante, dominante e tônica.
    b) Subdominante, dominante e tônica.
    c) Subdominante e submediante.
    d) Subdominante, dominante e sensível.
    e) Dominante, submediante e tônica.

2. Ao se formar tríades sobre cada um dos graus das escalas maior e menor harmônicas, sobre que graus são formadas tríades maiores?
    a) I e V graus das escalas maiores e V das escalas menores.
    b) I e IV graus das escalas maiores e IV, V e VI das escalas menores.
    c) I, IV e V graus das escalas maiores e VI das escalas menores.

d) I, V e VI graus das escalas maiores e V e VII das escalas menores.

e) I, IV e V graus das escalas maiores e V e VI das escalas menores.

3. Numere a segunda coluna de acordo com a primeira: (Observe que os números na primeira coluna podem corresponder a mais de uma opção na segunda coluna)

(I) CAP
(II) CP
(III) CE
(IV) MC

( ) V não seguido de I.
( ) Em geral, finaliza no VI grau.
( ) Conhecida como *cadência do amém*.
( ) IV – I ou iv – I.
( ) V – I ou V – i.
( ) Finalização no acorde de dominante.

a) III, II, IV, IV, I, II.
b) III, IV, I, I, IV, II.
c) IV, III, II, II, I, III.
d) III, III, II, II, I, IV.
e) I, IV, II, II, III, IV.

Considere o trecho a seguir para responder às questões 4 e 5.

4. Assinale a alternativa que corresponde à correta cifragem da progressão de acordes apresentada:

   a) I – VI – IV – V – I.

   b) I – III – VI – V^7 – i.

   c) I – VI – IV^6 – V^7 – I.

   d) I – VI – IV – V – I.

   e) I – VI – IV^6 – V^7 – I.

5. A finalização do trecho da figura anterior ocorre com uma cadência. Que cadência é essa?

   a) CAP.

   b) CAI.

   c) CP.

   d) CE.

   e) Meia cadência.

Atividades de aprendizagem

Questões para reflexão

1. Analise o trecho harmonizado a seguir, realize a cifragem e identifique as cadências presentes.

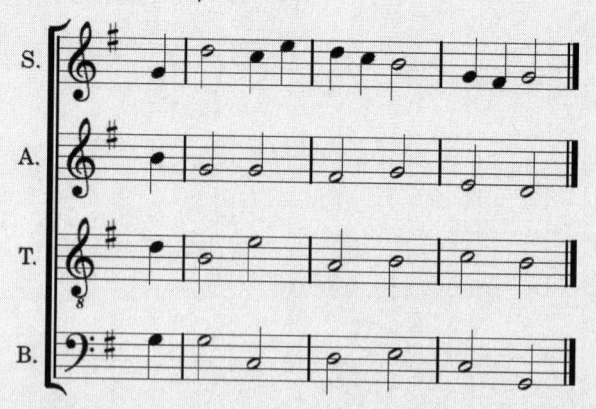

2. Embora as tríades em 2ª inversão sejam adotadas com menor frequência, quando são utilizadas, seu uso mais comum ocorre quando estão inseridas em uma cadência chamada de *cadência dominante apojatura*. Escreva uma progressão de quatro acordes na tonalidade de Mi menor em que haja essa cadência.

3. Observe as quatro progressões a seguir. Cada uma delas representa uma cadência. Faça a cifragem dos acordes e determine as quatro cadências apresentadas.

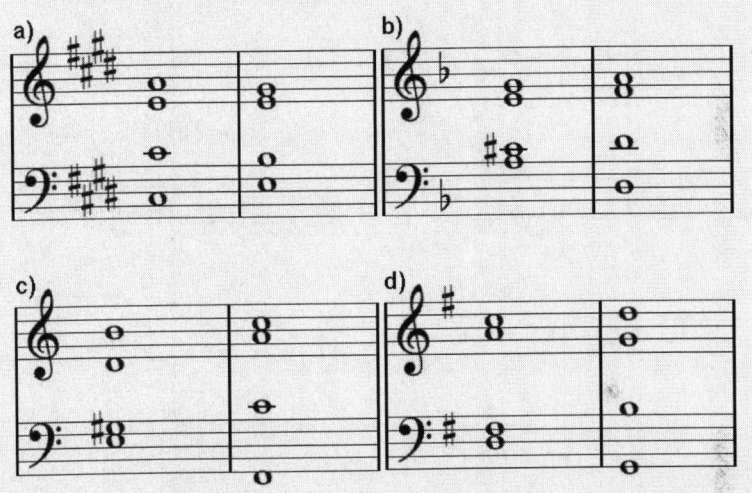

Atividades aplicadas: prática

1. Observe a progressão harmônica a seguir e liste os erros que foram cometidos nos encadeamentos. Aponte também, se houver, os erros na cifragem.

I   iv   V⁷   I

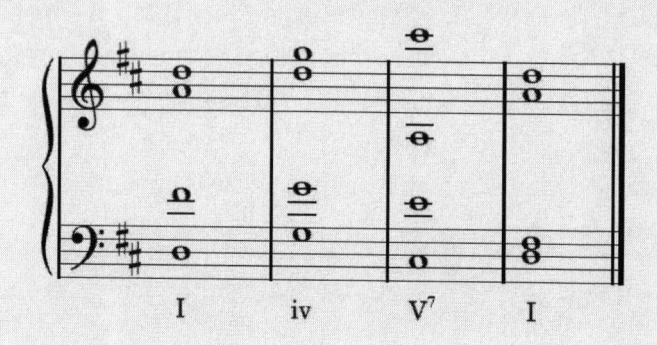

2. Realize a cifragem do trecho a seguir, extraído do *Álbum para a juventude*, de R. Schumann (*opus* 68, n. 4), compassos 21 a 24.

Fonte: Schumann, 1848.

Capítulo 5
FUNÇÃO DOMINANTE E ACORDES DE EMPRÉSTIMO

A música tonal é aquela em que existe uma hierarquia entre os sons, em que determinada combinação de sons define um centro tonal, ou centro de atração. Esse centro tonal é a tônica, e, de acordo com Koellreutter (1978), a tonalidade é definida pela relação dos acordes com essa tônica. Dudeque (2003a) expõe que o acorde de tônica domina sobre os demais e que a melhor combinação de acordes na expressão de uma tonalidade, de maneira segura, envolve o acorde de dominante, que tem, em sua constituição, o V grau (dominante) e o VII grau (sensível), os quais apresentam um alto grau de atração para a tônica (I). Por essa razão, o acorde de dominante exerce uma das funções mais importantes da música tonal. Os dois acordes, dominante e tônica, já são suficientes para se determinar uma tonalidade. Essa sequência de acordes, como demonstramos no capítulo anterior, forma uma cadência, que é chamada de *perfeita* e que, de acordo com Assis (2016, p. 41), "é a única e a mais intensa fórmula de estabelecimento da tonalidade".

Neste capítulo, abordaremos mais detalhadamente a função dominante. Também analisaremos alguns acordes de empréstimo, que são inseridos de modo passageiro, com uma estrutura harmônica diferente da tonalidade em uso.

5.1 Função dominante e dominantes secundárias

É comum ouvir dizer que o contraponto é uma concepção mais horizontal da música, ao passo que a harmonia tem uma concepção mais vertical. E o que seria essa ideia de "horizontal" e "vertical" na música? Quando tratamos de linhas melódicas, ou seja, de notas sucessivas, está envolvida a concepção horizontal da música. Tal horizontalidade pode ser verificada no contraponto, que se utiliza de uma combinação de linhas melódicas relativamente independentes.

Já a harmonia depende da emissão simultânea de três ou mais sons e, de acordo com Koellreutter (1978), entre o fim do século XVII e início do século XVIII, a concepção horizontal da música foi abrindo espaço para um novo sistema, com suas leis próprias, sendo o modalismo substituído pelo sistema tonal.

Esse novo sistema é baseado em funções principais e secundárias, em princípios cadenciais, atração e repouso e nas relações entre os acordes com determinado centro tonal. Nesse contexto, a função dominante cumpre o importante objetivo de "chamar" a tônica de volta, razão pela qual é uma das principais funções do sistema tonal.

Observe o esquema da figura a seguir, que sintetiza a base da música tonal – repouso, afastamento e aproximação.

Figura 5.1 – Esquema das principais funções tonais

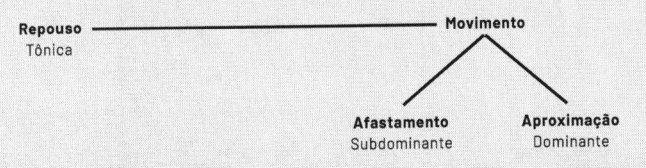

Repouso — Movimento
Tônica

Afastamento   Aproximação
Subdominante   Dominante

Fonte: Koellreuter, 1978, p. 13.

5.1.1 Notas atrativas

O trítono sempre foi objeto de muitas especulações e discussões a respeito de seu efeito áspero e dissonante, a ponto de ser rejeitado e até proibido na Idade Média, porque representaria algo tão imperfeito, tão "quebrado", que simbolizaria o "diabo", figura máxima da imperfeição e desarmonia (Trombetta, 2009).

> No contexto da sonoridade gregoriana, o trítono, figura representante da dissonância, é, simplesmente, coibido, em nome da harmonia e da "calma" da polifonia medieval. O trítono corresponde à quarta aumentada – intervalo de três sons que temos, por exemplo, entre o Fá e o Si ou entre o Dó e o Fá sustenido. Na Idade Média era conhecido como *diabolus in musica*. A dissonância que o trítono representa não poderia "materializar-se" uma vez que, na cosmovisão medieval, indicaria "falha cósmica", a figura do mal, do imperfeito, do diabo. No contexto medieval não há nada a fazer com o trítono a não ser evitá-lo a todo custo. (Trombetta, 2009, p.3)

Wisnik (1989) expõe a escala pentatônica como uma escala estável, sem dissonâncias (Fá – Sol – Lá – Dó), que recebe a introdução de duas notas (Mi – Si). Ordenadas, essas notam formam a escala diatônica, com sete sons, sendo, portanto, heptatônica. O acréscimo dessas duas notas gera dois intervalos de semitom e um intervalo de três tons (o trítono), que consiste em um problema musical e, até mesmo, moral na Idade Média (Trombetta, 2009). Todo esse contexto envolvendo o "nefasto" intervalo acabou conferindo a ele certa "notoriedade", tendo já sido utilizado por diversas bandas de *rock* com objetivo de se criar um "clima" soturno e inquietante pelo uso da dissonância, que pede uma resolução.

Todas as escalas diatônicas tonais têm esse intervalo dissonante entre o IV e o VII graus. Tal intervalo é uma 4ª aumentada, ou, se invertido, uma 5ª diminuta, e tem três tons, sendo por isso chamado de **trítono**.

Especulações à parte, o fato é que, quando o IV e o VII graus são tocados (ou cantados) simultaneamente, pedem uma resolução para outra nota predeterminada. Para chegar a essa resolução, convém que:

- o IV grau desça para o III por intervalo de semitom (no caso das escalas maiores) ou por intervalo de tom (no caso das escalas menores);
- o VII grau se resolva no I, por um semitom ascendente.

Assim, a 4ª aumentada é resolvida em um intervalo de 6ª menor (escalas maiores) ou maior (escalas menores); no caso de sua inversão, a 5ª diminuta é resolvida em um intervalo de 3ª maior (escalas maiores) ou menor (escalas menores).

Figura 5.2 – Resolução das notas atrativas

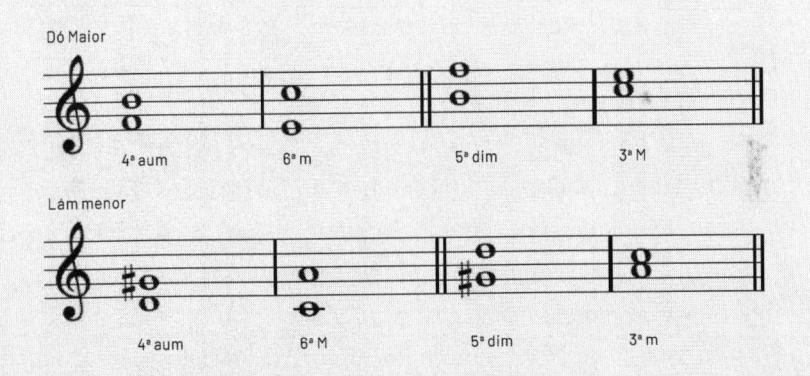

Assis (2016) explica que as duas notas atrativas também podem ser chamadas de *sensíveis*. O VII grau da escala, por definir a tonalidade ao resolver no I grau (tônica) é chamado de **sensível tonal**. Já o

IV grau, que encontra sua resolução na 3ª maior ou menor da escala, é chamado de **sensível modal**, pois define o modo maior ou menor.

5.1.2 Acorde de 7ª da dominante

O acorde de 7ª da dominante será sempre um acorde sobre o V grau, formado por uma tríade maior, ao qual é acrescentada uma 7ª menor. Nas tonalidades menores, a dominante maior é obtida pela elevação do VII grau (sensível), que é justamente a 3ª do acorde de dominante. Kostka e Payne (2012) explicam que a dominante menor, pela ausência da sensível que define a tônica, não pode ser considerada uma verdadeira dominante.

Podemos observar no acorde de 7ª dominante uma característica típica, que é o trítono formado entre o IV e o VII graus. A resolução dessas dissonâncias deve ser atentamente observada. O encadeamento mais comum do acorde de 7ª da dominante ocorre com o acorde de tônica; e menos frequentemente, com o acorde de subdominante ou submediante cadência de engano (CE).

Há duas dissonâncias no acorde de 7ª da dominante: (1) a 7ª formada com a fundamental; (2) o trítono formado entre o IV e o VII graus. Essas dissonâncias devem ser resolvidas e, assim, por resolução, podemos entender a progressão desses intervalos para intervalos consonantes (Koentopp, 2010).

Na resolução do acorde de 7ª da dominante (V^7) para o acorde de tônica (I ou i), algumas importantes orientações devem ser observadas, sem as quais corre-se o risco de que o encadeamento não soe conclusivo, ou não tenha uma característica tonal.

- A 7ª do acorde (que é o IV grau da tonalidade) deve se mover de modo descendente para o III grau – não confundir a 7ª do acorde com o grau VII da tonalidade.
- A 3ª do acorde (que é o grau VII da tonalidade) tem de resolver de modo ascendente para o I (ou i) grau – mais uma vez, não confundir a 3ª do acorde com o grau III da tonalidade.

As resoluções dessas dissonâncias estão esquematizadas na figura a seguir.

Figura 5.3 – Resolução do acorde V⁷

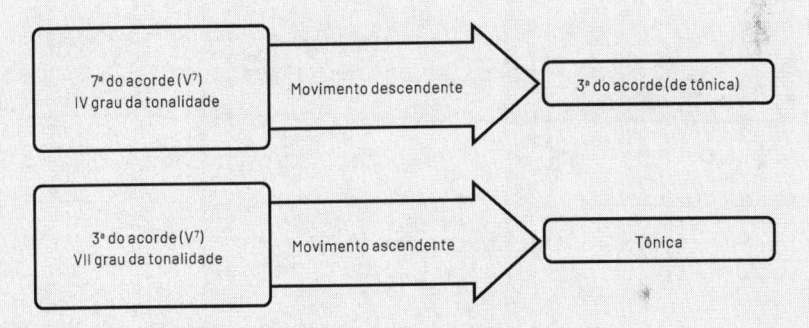

```
[7ª do acorde (V⁷)        ]  → Movimento descendente →  [3ª do acorde (de tônica)]
[IV grau da tonalidade    ]

[3ª do acorde (V⁷)        ]  → Movimento ascendente  →  [Tônica]
[VII grau da tonalidade   ]
```

Em um acorde de 7ª da dominante completo, o melhor resultado para sua resolução é em um acorde de tônica incompleto. Para essa resolução, a 7ª do acorde tem de descer por grau conjunto para a 3ª do acorde de tônica. A 3ª do acorde precisa se movimentar por semitom ascendente para a tônica. Para a 5ª do acorde, não há uma orientação específica; então, para evitar que o acorde de tônica tenha a 3ª dobrada, convém que a 5ª do acorde também se mova para a tônica. Assim, obtém-se um acorde de tônica incompleto, com a fundamental triplicada. Observe a figura a seguir, com exemplos no modo maior e menor.

Figura 5.4 – Resolução do acorde V⁷ no modo maior e menor

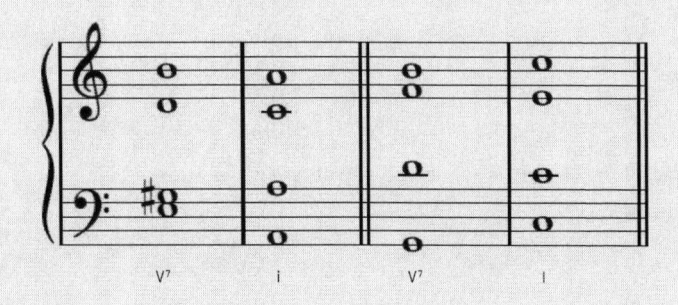

Na resolução do acorde de 7ª da dominante, sempre devemos observar atentamente a resolução das notas atrativas e, consequentemente, do trítono formado entre elas. Segundo Kostka e Payne (2012, p. 185): "A resolução do V⁷ para uma tríade incompleta não é um 'erro' a ser evitado pois é, na verdade, algo muito comum, especialmente em cadências finais".

Koellrreutter (1978) orienta os procedimentos para resolução do acorde de 7ª da dominante, especificando o movimento de cada voz:

- a fundamental movimenta-se para a tônica;
- a 3ª (sensível da tonalidade) deve subir para a tônica;
- A 5ª deve descer para a tônica;
- a 7ª resolve por grau conjunto descendente na 3ª do acorde de tônica.

O autor, portanto, em concordância com Kostka e Payne (2012), aponta para um acorde incompleto de tônica (com a fundamental triplicada) como a melhor resolução para o acorde de 7ª da dominante. É melhor que a fundamental esteja triplicada do que se ter um acorde com a tônica e a 3ª duplicadas.

Quando a resolução do acorde V⁷ ocorre para a tríade de submediante (CE: V⁷ - vi ou V⁷ - VI), a sensível deve mover-se por semitom ascendente em direção à tônica. Como o encadeamento V⁷ - vi ou V⁷ - VI é uma progressão que envolve graus conjuntos, as demais vozes devem realizar um movimento descendente para a nota mais próxima do acorde de VI grau (ou vi). Esse procedimento resulta em um dobramento da 3ª no acorde de vi grau (ou VI grau). Uma única exceção ocorre quando a sensível, no modo maior, estiver colocada em uma voz interna. Nesse caso, ela pode mover-se por grau conjunto para o VI grau. Observe os exemplos na figura a seguir.

Figura 5.5 - Resolução do acorde V⁷ na submediante

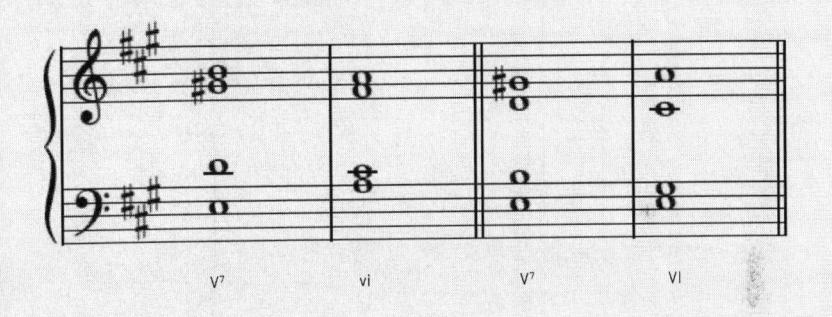

5.1.3 Dominantes secundárias

Os acordes maiores ou menores de uma escala podem receber um destaque individual dado por outros acordes que não pertencem à tonalidade. Kostka e Payne (2012) explicam que o acorde alterado mais comum na música tonal é aquele que representa uma **função secundária**, ou seja, um acorde que tem uma função mais próxima de outra tonalidade do que a tonalidade principal do trecho. Muitas dessas funções secundárias são **dominantes secundárias**. Dessa forma, quando um acorde da escala é destacado, ou "**tonicizado**" por um acorde que estabelece com ele uma relação de dominante, e que não pertença à tonalidade principal, estamos diante de uma dominante secundária. Essas dominantes secundárias podem aparecer com ou sem a 7ª acrescentada. O acréscimo de alterações que não pertencem à tonalidade principal tem a função de ressaltar ou valorizar um acorde específico.

Considerando que as tríades de tônica são sempre acordes maiores ou menores, os acordes formados por tríades diminutas não podem ser tonicizados. Kostka e Payne (2012, p. 226) afirmam que "pelo fato de que as tríades de tônica são sempre maiores ou menores, faz sentido que somente tríades maiores ou menores possam ser tonicalizadas por dominantes secundárias". Isso é válido para todos os acordes desde que não sejam, por razões óbvias, o acorde de tônica (sua dominante não é uma dominante secundária, mas pertence à tonalidade). Então o vii° grau da escala maior e o ii° e vii° graus da escala menor não têm dominantes individuais.

Analisemos, a seguir, os acordes que podem ser tonicizados em tonalidades maiores e menores.

Figura 5.6 – Tríades maiores e menores em Dó Maior

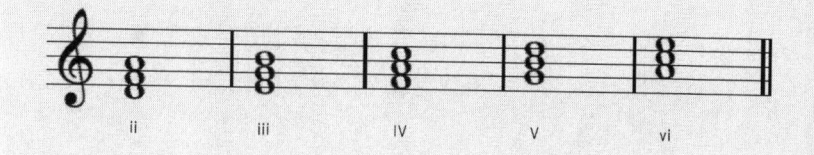

Na Figura 5.7 você pode notar as dominantes secundárias de cada um desses acordes, tanto sem a 7ª quanto com a 7ª acrescentada.

É importante perceber que vários acidentes inseridos criam sensíveis para o acorde tonicizado.

Figura 5.7 – Dominantes secundárias em Dó Maior

Tríades diatônicas em Dó Maior

ii   iii   IV   V   vi

Dominantes secundárias

V/ii   V/iii   V/IV   V/V   V/vi

Dominantes secundárias com 7ª

V⁷/ii   V⁷/iii   V⁷/IV   V⁷/V   V⁷/vi

Fonte: Dudeque, 2003a, p. 78.

Na figura que segue, há acordes que podem ser tonicizados no modo menor. Neste ponto, cabe acrescentar que o VII grau sem alteração do modo menor também pode ser tonicizado.

Figura 5.8 – Tríades maiores e menores em Lá menor

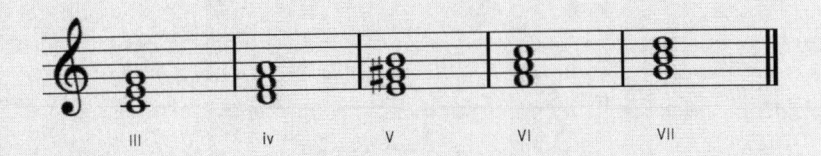

III   iv   V   VI   VII

Na figura a seguir, é possível notar as dominantes secundárias de cada um dos acordes no modo menor. Nesse caso, encontramos três acordes idênticos aos acordes diatônicos. São eles:

- o V/III que é idêntico ao VII⁷ (normalmente, utilizamos os dois acordes, porque o VII e o VII⁷ podem funcionar também como dominantes de III, o que detalharemos na próxima seção;
- o V/VI, que normalmente é analisado como III, e não como dominante secundária.

Figura 5.9 – Dominantes secundárias em Lá menor

Tríades diatônicas em lá menor

III   iv   V   VI   VII

Dominantes secundárias

V/III   V/iv   V/V   V/VI   V/VII

Dominantes secundárias com 7ª

V⁷/III   V⁷/iv   V⁷/V   V⁷/VI   V⁷/VII

Fonte: Dudeque, 2003a, p. 79.

Observe o exemplo a seguir, extraído de Assis (2016). As dominantes individuais estão com a cifragem sublinhada. Em um pequeno trecho (oito compassos), há seis dominantes secundárias, e, mesmo assim, a tonalidade original permanece fortemente estabelecida. O autor comenta que "a presença das dominantes individuais embeleza o trecho com os cromatismos das notas que não pertencem ao Dó Maior, sem interferirem no estabelecimento da tônica de Dó como hegemônica. Perceba como os acordes de dominantes individuais antecipam os graus que estão individualizando" (Assis, 2016, p. 48).

Figura 5.10 – Exemplo de harmonização com dominantes secundárias

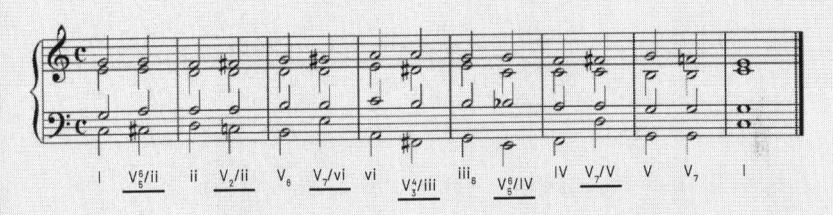

I V_5^6/ii ii V_2/ii V_6 V_7/vi vi V_3^4/iii iii$_6$ V_5^6/IV IV V_7/V V V_7 I

Fonte: Assis, 2016, p. 48.

Kostka e Payne (2012) listam algumas orientações para o reconhecimento de dominantes secundárias:

- se houver um acorde alterado em uma progressão e esse acorde for uma tríade maior ou uma tríade maior com a 7ª menor, é provável que se trate de uma dominante secundária;
- se, ao encontrar a 5ª justa descendente desse acorde, sobre essa nota houver uma tríade maior ou menor que pertença à tonalidade principal, então, há uma dominante secundária.

Kostka e Payne (2012) ainda detalham como se deve escrever uma dominante secundária:

- primeiramente, é preciso identificar a fundamental do acorde a ser tonicizado e, então, encontrar uma 5ª justa acima dessa fundamental;
- usando essa nota (5ª justa acima) como fundamental, deve-se escrever uma tríade maior ou uma tríade maior com 7ª menor sobre ela.

Na Figura 5.11, há um exemplo que demonstra o acorde de dominante em Sol Maior como acorde a ser tonicizado.

Figura 5.11 – Encontrando dominantes secundárias

- o acorde de dominante na tonalidade de Sol Maior é o acorde de Ré Maior;
- calculando uma 5ª justa acima da fundamental do acorde de dominante, encontramos a nota Lá;
- a tríade maior sobre Lá é igual a Lá – Dó# – Mi, e a tríade maior com 7ª menor é igual a Lá – Dó# – Mi – Sol.

5.2 Acordes subV e acordes diminutos

Nesta seção, discorremos sobre os acordes chamados de *subV*, aqueles que assumem a função da dominante, substituindo-a. Também pontuaremos as peculiaridades e as diferentes funções dos acordes diminutos como elementos muito importantes na harmonia tonal.

5.2.1 Acordes subV

Como temos assinalado ao longo deste livro, os graus tonais são os principais no estabelecimento de uma tonalidade, quais sejam: o I (ou i) - tônica; o IV (ou iv) - subdominante; e o V - dominante. A função de cada acorde é determinada por sua relação com a tônica, que é o grau mais importante da tonalidade. Então, é possível encontrar acordes que podem desempenhar a função de dominante, mesmo não sendo a dominante daquela tonalidade. Esses acordes substituem a dominante e são, por isso, chamados de *subV*.

Teoricamente, os melhores acordes substitutos são os que têm mais notas em comum com os acordes que estão substituindo, mas isso não é o suficiente, pois, para que um acorde substitua outro no contexto de uma progressão harmônica, é necessário que ele cumpra a função do acorde que está sendo substituído. Lembremos que, na harmonia tonal, há um conceito que envolve repouso (tônica), afastamento (subdominante) e aproximação (dominante). Qualquer acorde que venha a substituir o acorde de dominante precisa ter a função de atração para a tônica. Os acordes subV também podem ser utilizados para substituir dominantes secundárias.

Precisamos estar atentos para o trítono constante no acorde de dominante, pois ele é a característica fundamental desse acorde. Isso porque a 3ª desse acorde contém a sensível da tonalidade, que resolve na tônica, ao passo que a 7ª resolve na 3ª maior ou menor do acorde de tônica, como explicitamos na seção anterior.

Nas tonalidades maiores, o melhor acorde subV é o acorde de vii° grau. Este pode ser considerado um acorde de dominante do qual se omite a fundamental, como podemos ver na figura a seguir.

Figura 5.12 – Dominante sem fundamental

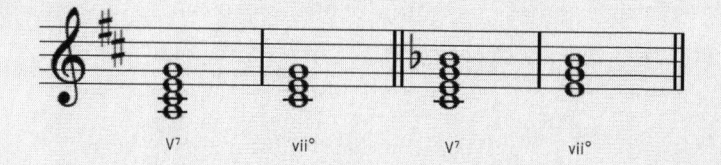

Perceba que, no encadeamento apresentado na próxima figura, o acorde de vii° grau cumpre perfeitamente a função de dominante, em razão da presença do trítono, que gera força de atração para a tônica.

Figura 5.13 – Encadeamento vii° – I

Observe os dois encadeamentos em Láb Maior. No primeiro (compassos 1 e 2), há uma cadência autêntica (V⁷ - I). No segundo (compassos 3 e 4), há o acorde vii° cumprindo a função de dominante de modo bastante satisfatório. Procure tocar os dois encadeamentos e note que, auditivamente, temos a mesma sensação de tensão e resolução. A presença do trítono (Réb - Sol) nos dois acordes (V⁷ e vii°) produz a tensão atrativa para a tônica. Assim, a resolução dos dois acordes segue caminhos semelhantes, finalizando em um acorde de tônica incompleto.

Nas tonalidades menores, o acorde de vii° também é o melhor acorde para substituir o acorde de dominante. É importante lembrar que, nas tonalidades menores, esse acorde também é um acorde diminuto, em virtude da sensível alterada, assim como o acorde de dominante também é um acorde maior, conforme já explicitamos.

Figura 5.14 – Dominante sem fundamental – modo menor

Observe, na próxima figura, a substituição do acorde de dominante pelo acorde de vii° da mesma forma como no modo maior, sem perder o poder de atração para a tônica.

Figura 5.15 – Encadeamento vii° – i

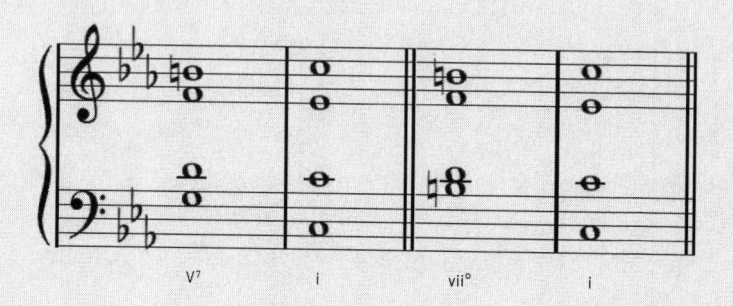

        V⁷   i   vii°   i

Tanto no modo maior quanto no modo menor, conforme pudemos observar, o melhor substituto para o acorde de 7ª da dominante é o acorde de vii° grau, em decorrência do número de notas em comum entre os acordes, bem como da preservação da função de dominante, reforçada pelo trítono. É importante estar atento ao fato de que, em harmonia, o acorde deve ser sempre considerado pela função que desempenha, e não apenas pelo grau em que se encontra.

5.2.2 Acordes diminutos

Conforme explicamos no Capítulo 4, é possível formar tríades diminutas sobre os seguintes graus da escala diatônica:

- VII grau das tonalidades maiores;
- II e VII graus das tonalidades menores.

Acrescentando-se um intervalo de 7ª a essas tríades diminutas, são obtidos dois tipos de acordes diferentes:

1. o acorde chamado *meio diminuto* ou *7ª da sensível* com a tríade diminuta e 7ª menor em sua formação;
2. o acorde de 7ª diminuta, com a tríade diminuta e a 7ª também diminuta em sua formação.

O **acorde diminuto** é encontrado no VII grau das escalas menores e é um acorde com várias peculiaridades.

Primeiramente, é o único acorde que pode ser chamado de **acorde simétrico**, pois é formado por uma sucessão de três 3ªs menores sobrepostas. É interessante notar que essa sucessão de intervalos não muda, independentemente da inversão do acorde (Figura 5.16).

Figura 5.16 – Inversões em acordes diminutos

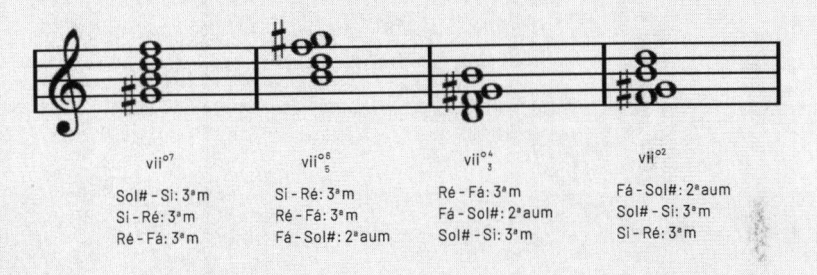

vii°7	vii°⁶₅	vii°⁴₃	vii°²
Sol# - Si: 3ªm	Si - Ré: 3ªm	Ré - Fá: 3ªm	Fá - Sol#: 2ªaum
Si - Ré: 3ªm	Ré - Fá: 3ªm	Fá - Sol#: 2ªaum	Sol# - Si: 3ªm
Ré - Fá: 3ªm	Fá - Sol#: 2ªaum	Sol# - Si: 3ªm	Si - Ré: 3ªm

Observe que há sempre intervalos com a mesma dimensão: um tom e um semitom. São sempre 3ªs menores ou 2ªs aumentadas, que, enarmonizadas, podem ser 3ªs menores. Essa simetria é uma característica típica dos acordes diminutos, pois qualquer outro acorde, ao ser invertido, muda a dimensão de seus intervalos. Confira, por exemplo, a inversão da 7ª da dominante em Dó Maior:

Figura 5.17 – Inversões em acordes de 7ª da dominante

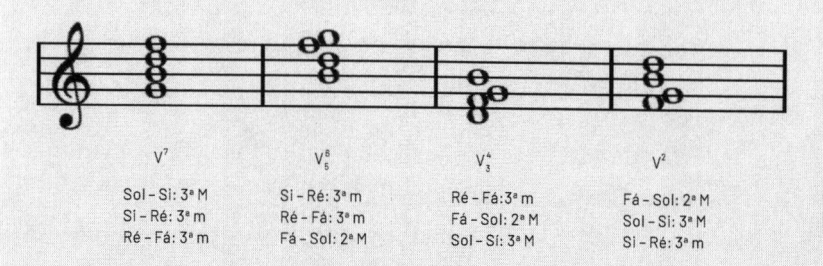

V^7	V^6_5	V^4_3	V^2
Sol – Si: 3ª M	Si – Ré: 3ª m	Ré – Fá: 3ª m	Fá – Sol: 2ª M
Si – Ré: 3ª m	Ré – Fá: 3ª m	Fá – Sol: 2ª M	Sol – Si: 3ª M
Ré – Fá: 3ª m	Fá – Sol: 2ª M	Sol – Si: 3ª M	Si – Ré: 3ª m

Outro aspecto peculiar dos acordes diminutos é o fato de se tratar de um acorde que contém dois trítonos. Observe, na figura a seguir, o acorde de 7ª diminuta na tonalidade de Ré menor. O primeiro trítono está entre a tônica (Dó#) e a 5ª do acorde (Sol), formando uma 5ª diminuta. O segundo trítono ocorre entre a 3ª (Mi) e a 7ª do acorde (Sib), que formam mais uma 5ª diminuta. Se o acorde for invertido, são obtidos: na 1ª inversão, uma 5ª diminuta e uma 4ª aumentada; na 2ª inversão, duas 4ªˢ aumentadas; e, na 3ª inversão, uma 4ª aumentada e uma 5ª diminuta.

Figura 5.18 – Trítonos no acorde de 7ª diminuta

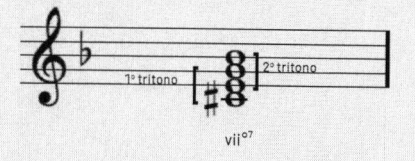

O acorde de 7ª diminuta tende a ser resolvido na tônica, mesmo se estiver invertido. Em razão da possibilidade de assumir a função de dominante, esse acorde pode ser interpretado como um acorde de 9ª menor da dominante sem fundamental (Figura 5.19).

Figura 5.19 – Acorde de 9ª menor da dominante sem fundamental

No encadeamento do acorde de 7ª diminuta para o acorde de tônica, devemos resolver os dois trítonos existentes no acorde. Se o trítono for uma 5ª diminuta, ele deve ser resolvido por graus conjuntos em uma 3ª maior ou menor, e, sendo uma 4ª aumentada, deve ser resolvido por graus conjuntos em uma 6ª maior ou menor. Confira, na figura que segue, a resolução do acorde de 7ª diminuta em Lá menor.

Figura 5.20 – Resolução do acorde de 7ª dim no acorde de tônica

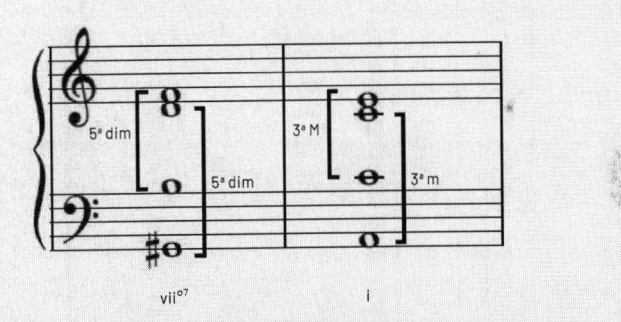

Kostka e Payne (2012) descrevem que a 5ª diminuta deve ser resolvida "para dentro" por grau conjunto, resultando em uma 6ª, ao passo que a 4ª aumentada deve ser resolvida "para fora" por grau conjunto, resultando em uma 3ª.

Observe a figura a seguir: nos dois primeiros compassos, há a resolução da 4ª aumentada, em Sol Maior. O movimento das vozes é "para fora" do acorde, resultando em um intervalo maior que o intervalo inicial. Já nos dois últimos compassos, em Ré menor, há um movimento "para dentro", resultando em um intervalo menor que o inicial.

Figura 5.21 – Exemplo de resolução da 4ª aum e 5ª dim

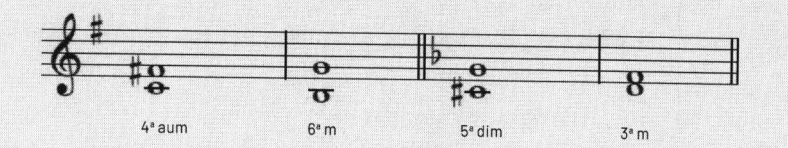

Verifiquemos, na próxima figura, o mesmo acorde da Figura 5.20, mas em sua 3ª inversão, resultando em uma formação com duas 4ªs aumentadas, e sua resolução em duas 6ªs, chegando em um acorde de tônica na 2ª inversão.

Figura 5.22 – Resolução do acorde de 7dim na 3ª inversão

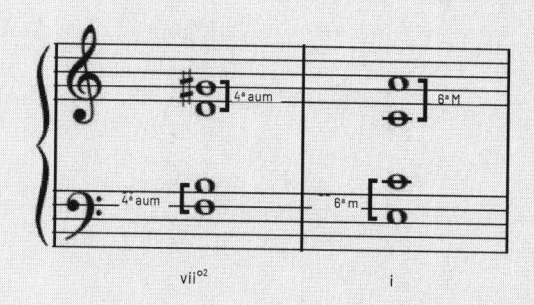

O problema dessa resolução é que, ao seguirmos essas diretrizes, obteremos uma tríade de tônica com a 3ª duplicada. Dudeque

(2003a) explica a possibilidade de evitarmos esse dobramento de 3ª, resolvendo um dos trítonos em uma 5ª ou 4ª justa.

Observe, na próxima figura, o acorde de 7ª diminuta em Dó# menor:

- No primeiro compasso, o primeiro trítono (5ª dim: Si# - Fá#) resolvido em uma 3ª menor. Já o segundo trítono (4ª aum: Lá - Ré#) está sendo resolvido na 6ª. Nesse exemplo, no acorde de tônica (compasso 2), há um uníssono entre soprano e contralto na 3ª do acorde.
- No terceiro compasso, a resolução do primeiro trítono ocorre da mesma forma, mas o segundo trítono é resolvido em uma 4ª justa (Sol# - Dó#).

Figura 5.23 – Dobramentos de 3ª evitados

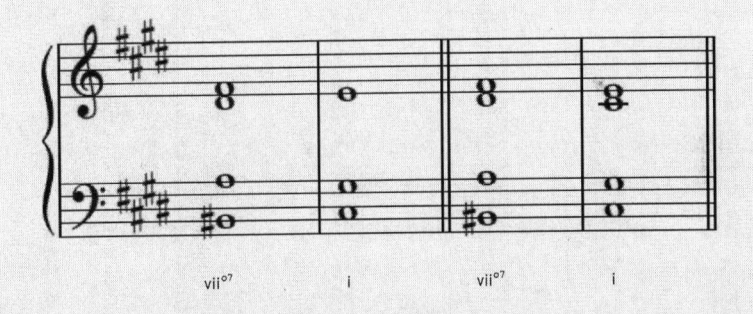

Kostka e Payne (2012) acrescentam que os compositores nem sempre seguem as tendências naturais para resolução do trítono, e é frequente a movimentação do II grau para o I grau, em vez da usual movimentação para o III grau. No entanto, é preciso estar atento para o fato de que, em algumas configurações de acordes, esse movimento pode gerar 5ªs paralelas.

5.3 Diversas alterações em acordes diminutos

A rigor, podemos dizer que existem apenas três acordes de 7ª diminuta. Todos os demais são resultado da enarmonização de uma ou mais notas que fazem parte do acorde. Assis (2016, p. 50) expõe que, "por sua característica estrutural, constituído de três terças menores sobrepostas, os acordes diminutos podem estabelecer várias relações a partir de substituições enarmônicas". Podemos observar exemplos de acordes diminutos na figura a seguir.

Figura 5.24 – Acordes diminutos

A seguir, mostramos um exemplo de enarmonização de um acorde de 7ª diminuta. Esse exemplo facilita a visualização do porquê de afirmarmos que existem apenas três acordes de 7ª diminuta. Tomaremos como exemplo o acorde do VII grau na tonalidade de Dó menor:

Figura 5.25 – 7ª diminuta em Dó menor

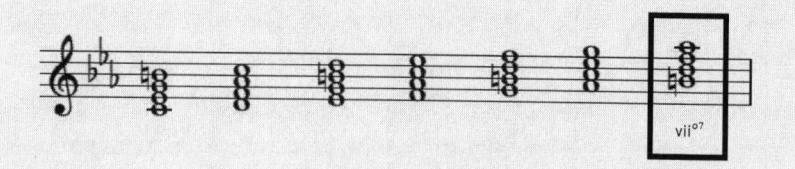

Agora, isolemos esse acorde para observar atentamente as possibilidades de enarmonização para ele na figura que segue. No terceiro compasso de cada exemplo, o acorde está escrito no estado fundamental.

Figura 5.26 – Exemplo de enarmonização do acorde de 7ª diminuta

Nota enamornizada: Si

Notas enamornizadas: Fá e Láb

Nota enamornizada: Láb

No primeiro exemplo de enarmonização, encontramos o segundo acorde apresentado na Figura 5.24 como um dos três acordes diminutos que existem. Qualquer que seja o acorde diminuto apresentado, se enarmonizarmos uma ou mais notas, chegaremos a um dos três acordes da Figura 5.24. Na próxima figura, observe com atenção os acordes que enarmonizamos na Figura 5.26. Preste atenção à mudança de tonalidade que ocorre simplesmente pelo fato de enarmonizarmos uma ou mais notas do acorde.

Figura 5.27 – Acordes enarmônicos

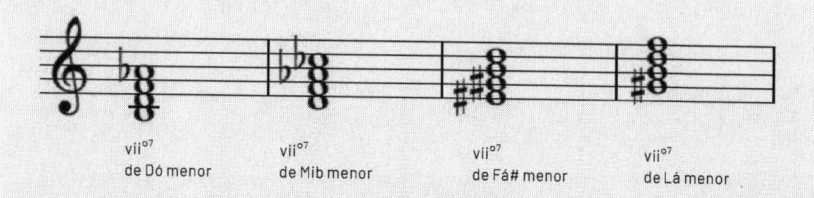

vii°⁷ de Dó menor   vii°⁷ de Mib menor   vii°⁷ de Fá# menor   vii°⁷ de Lá menor

O acorde de 7ª diminuta é o acorde mais ambíguo de todos. Schoenberg (1999) denomina esse acorde de *errante*, justamente em razão dessa ambiguidade. Diante da possibilidade de enarmonizarmos seus intervalos, podemos tomar qualquer uma das notas desse acorde como uma sensível, que pode conduzir a progressão para outra tonalidade (Koentopp, 2010). Esse mesmo acorde pode assumir uma função de dominante de outra tonalidade apenas pela enarmonização de suas notas.

Considerando-o um acorde de 9ª menor da dominante (sem fundamental), ele pode ser resolvido em um acorde de tônica maior ou menor. Isso implica dizer que, para cada acorde diminuto, com as possibilidades de substituições enarmônicas, existem oito possibilidades de resolução em tônicas diferentes (quatro menores e quatro maiores). Como existem três acordes diminutos diferentes, os acordes diminutos podem ser utilizados nas 24 tonalidades maiores e menores (Assis, 2016).

5.4 Acordes de empréstimo

Na música tonal, é comum serem utilizados elementos do modo maior em tonalidades menores e vice-versa. Há uma constante dualidade entre as tonalidades, e quando utilizamos elementos do modo maior em uma música em modo menor, ou elementos do modo menor em músicas em modo maior, estamos usando um recurso que se chama **empréstimo modal**. Alguns autores referem-se a esse empréstimo utilizando a expressão **mistura de modos**.

Kostka e Payne (2012, p. 315) definem o uso do empréstimo modal da seguinte forma:

> O termo mistura de modos refere-se ao uso de notas de um modo (aqui, "modo" refere-se aos modos maior e menor) em uma passagem que predominantemente é em outro modo. Geralmente, a mistura envolve o colorir uma passagem no modo maior com notas de seu homônimo menor. A mistura de modos geralmente está a serviço de propósitos expressivos e é uma fonte frequente de acordes alterados. Outros termos usados para a mistura de modos são acordes emprestados e mutação.

A utilização de acordes que pertencem a outro modo enriquece e amplia as possibilidades sonoras e expressivas da escrita harmônica. Um modo pode beneficiar-se da apropriação das características de outro e, com isso, enriquecer a sonoridade da composição ou arranjo. Os acidentes permitem colorir e diversificar a harmonia.

A dominante maior, utilizada no modo menor, por exemplo, é vista por diversos autores como um empréstimo modal, pois, no modo menor, a dominante seria naturalmente menor. Ela se torna maior pelo acréscimo da alteração ascendente de VII grau nas escalas harmônicas e melódicas.

Outra possibilidade de empréstimo ocorre com a utilização das notas da escala menor melódica. No Capítulo 2, tratamos sobre a forma natural, harmônica e melódica das escalas menores; explicamos que devemos utilizar preferencialmente a escala menor em sua forma harmônica quando estamos lidando com harmonia tonal. Na escala harmônica, conforme pontuamos, há um acorde aumentado no III grau e uma 2ª aumentada entre o VI e o VII graus. Buscando maior fluidez na melodia, considerando esse intervalo de 2ª aumentada como um intervalo de difícil entoação, os compositores passaram a usar a escala menor melódica, com alterações ascendentes no VI e o VII graus, retornando à forma natural do movimento descendente. Essas alterações próprias da escala melódica forjam novos acordes que enriquecem a harmonia, e a utilização desses acordes também indica uma situação de empréstimo modal. Na figura a seguir, podemos ver as possibilidades de utilização de acordes usando a escala menor melódica.

Figura 5.28 – Acordes da escala menor melódica

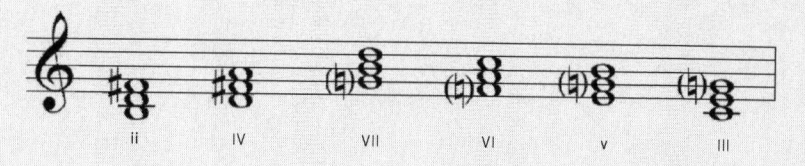

Fonte: Assis, 2016, p. 46.

Os acordes que são formados na tonalidade menor homônima também podem ser usados como acordes de empréstimo. Eles exercem apenas uma função de enriquecimento do colorido harmônico, e a tonalidade maior não perde suas características pela inserção desses acordes. Observe (é importante que você toque em seu instrumento para ter também a percepção auditiva da progressão) a figura a seguir.

Figura 5.29 – Acordes da escala menor homônima

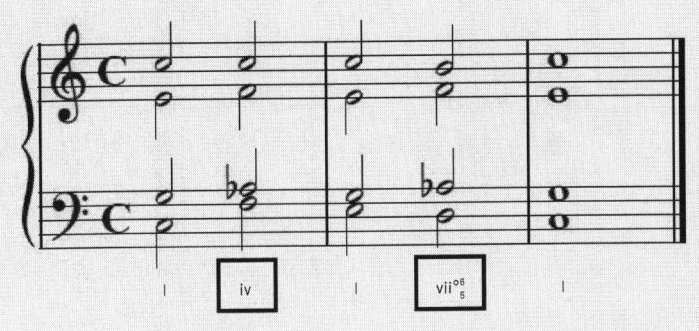

                                    iv   vii°⁶₅

Fonte: Assis, 2016, p. 46.

Na figura anterior, temos um trecho em Dó Maior, em que podemos ver a inserção do Láb em dois acordes. Láb não está no campo harmônico de Dó Maior, mas, nos acordes destacados, ele surge como empréstimo modal da tonalidade homônima (Dó menor). Perceba que a tonalidade permanece estável e as alterações inseridas têm valor ornamental.

Outro exemplo de empréstimo modal de uso bastante frequente no período que vai de 1500 até aproximadamente 1750 é a ocorrência de um acorde maior na finalização de uma composição em tonalidade menor. A 3ª alterada na tríade final, de tônica, é chamada de **3ª de picardia**. Na cifragem, Kostka e Payne (2012, p. 315) explicam que "o numeral romano em maiúsculo I é o bastante para indicar a mistura de modos. Não é necessário acrescentar nenhuma nota explicativa na análise".

Figura 5.30 – 3ª de picardia

i   iv   ii   i⁸₄   V⁷   I

De acordo com Dudeque (2003b), não existe tonalidade que seja exclusivamente maior ou menor. Para o autor, o sistema tonal não está limitado a um único modo, mas mistura os elementos provenientes dos dois modos.

5.5 Harmonizações com empréstimos

No trecho indicado na figura a seguir, há uma progressão harmônica em Sol Maior. Observe que, no segundo compasso, ocorre o emprego de uma alteração que não faz parte do campo harmônico de Sol Maior. O acorde de subdominante menor é um acorde de empréstimo da tonalidade homônima – Sol menor. A inserção do Mib nessa harmonização amplia a sonoridade, trazendo um colorido diferenciado, sem que a tonalidade principal perca sua característica.

Figura 5.31 – Harmonização com empréstimo (1)

　　　　　I　　　　iv　　　　I⁶　　　　V₃⁴　　　　I

No trecho a seguir, na tonalidade de Dó menor, o exemplo é de uma progressão que caminha até o penúltimo compasso no modo menor. Podemos observar, no terceiro tempo do primeiro compasso, o acorde de III grau maior (e não aumentado). Trata-se de um acorde de empréstimo da escala menor melódica que, em sua forma descendente, não tem a elevação do VII grau, característica da escala menor harmônica. Ademais, o acorde de finalização contém a tônica maior, ou seja, um empréstimo modal de Dó Maior, evidenciando a 3ª de picardia.

Figura 5.32 – Harmonização com empréstimo (2)

　　　　　i　　III　　　VI　　V⁷　　　I

No próximo exemplo, há uma harmonização na qual os acordes estão escritos em forma arpejada. Note que a tonalidade é Lá Maior e, no primeiro compasso, consta um acorde de tônica incompleto, com a fundamental no baixo e a 3ª na clave de Sol. A fundamental está dobrada na voz superior. No segundo compasso, há um acorde de subdominante, com a fundamental no baixo, 3ª e 5ª arpejadas na voz superior. Perceba que, neste acorde, existe uma nota alterada; o Fá natural que aparece neste compasso não faz parte do campo harmônico de Lá Maior. Configura-se, assim, um empréstimo modal da tonalidade homônima (Lá menor). O terceiro compasso contém um acorde de dominante com a 7ª, também em estado fundamental, com a 3ª, 5ª e 7ª arpejadas na voz superior. A finalização do trecho ocorre somente com a tônica. Apesar de não se tratar de uma escrita a quatro vozes, a condução harmônica do trecho é facilmente percebida.

Figura 5.33 – Harmonização com empréstimo (3)

Fonte: Dittrich; Gonçalves, 2015, p. 87.

Exercitando

Observe atentamente a Figura 5.33 e faça a cifragem antes de seguir com a leitura do texto. Segue a resposta: no primeiro compasso, consta o acorde de tônica (I); no segundo compasso, o acorde de subdominante menor (empréstimo modal), que será cifrado como menor (iv); no terceiro compasso, a dominante da tonalidade (V^7) finalizando com o retorno ao acorde de tônica (I).

Analisemos a próxima harmonização, na tonalidade de Ré menor. As alterações que surgem no segundo e no quarto compassos contam com uma subdominante maior, o que não é característico da escala menor harmônica. A subdominante maior ocorre no movimento ascendente da escala menor melódica, que tem o VI grau também elevado. Há, portanto, um empréstimo da escala menor melódica.

Figura 5.34 – Harmonização com empréstimo (4)

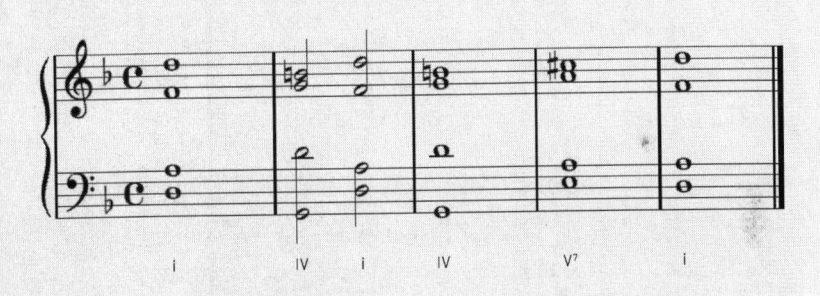

i   IV   i   IV   V^7 i

Agora, analisemos atentamente a progressão da próxima figura. O acorde alterado que aparece no segundo compasso é um acorde de empréstimo modal? Podemos observar que o Si natural foi inserido para que houvesse um movimento cromático descendente no soprano e isso já caracteriza um acorde de empréstimo?

Figura 5.35 – Harmonização com empréstimo (5)

Consideremos compasso por compasso. No primeiro deles, há o acorde de tônica (Fá Maior) em estado fundamental. No segundo compasso, há uma tríade de II grau (Sol), mas a tríade de II grau em uma tonalidade maior é um acorde menor. Poderia ser um acorde de empréstimo?

- Se o acorde for um empréstimo do tom homônimo (Fá menor), não teria o Si♮, já que Fá menor tem quatro bemóis na armadura.
- Também não se trata da escala menor melódica, pois o Si é o IV grau na escala de Fá, e não recebe alteração ascendente.

Lembremos que os acordes de empréstimo também são chamados de *mistura de modos*. E não observamos nenhuma mistura de modos nessa progressão. O tom maior é predominante.

Nesse caso, o segundo acorde é analisado como uma dominante secundária. O acorde de Sol Maior é dominante de Dó; logo, esse acorde é dominante da dominante da tonalidade.

Há autores que entendem as dominantes secundárias como acordes de empréstimo modal (Schoenberg, 1999). Embora a análise mais específica do acorde de empréstimo modal aponte para a classificação dele como dominante secundária, não é incorreta a análise que o classifica como acorde de empréstimo.

Síntese

Neste capítulo, mostramos diversas estruturas harmônicas muito importantes para o sistema tonal. Iniciamos ressaltando a importância da função dominante e explicamos como reconhecer e escrever dominantes secundárias (ou individuais). Em seguida, comentamos sobre os acordes que podem assumir a função dominante, e detalhamos as particularidades e as possibilidades enarmônicas do acorde diminuto, o acorde mais ambíguo do sistema tonal.

Abordamos, também, os acordes de empréstimo modal, contemplando suas possibilidades de uso como enriquecedoras do colorido harmônico e promovendo novas possibilidades sonoras, sem, no entanto, descaracterizar a tonalidade principal.

Ao final, analisamos alguns exemplos de harmonizações com empréstimos modais. No próximo capítulo, vamos abordar aspectos referentes à modulação, quando os encadeamentos conduzirão para uma mudança real de tonalidade.

Atividades de autoavaliação

1. A respeito do trítono, assinale a alternativa **incorreta**:
    a) Pode ser uma 4ª aumentada ou uma 5ª diminuta.
    b) Tem três tons.
    c) Foi chamado de *diabolus in musica*.
    d) Está presente em todos os acordes de 7ª.
    e) Está presente em todas as escalas diatônicas tonais.

2. Assinale a alternativa correta sobre a resolução do acorde de 7ª diminuta no acorde de tônica:
   a) É aconselhável que apenas um dos trítonos seja resolvido para evitar o dobramento da 3ª no acorde de tônica.
   b) A resolução do trítono, seja uma 5ª diminuta, seja 4ª aumentada, será sempre em uma 3ª maior ou menor.
   c) Quando invertidos, os acordes de 7ª diminuta não podem ser resolvidos no acorde de tônica.
   d) Se houver inversão nos acordes de 7ª diminuta, eles só poderão ser resolvidos no acorde de dominante.
   e) O acorde de 7ª diminuta seguido pelo acorde de tônica assume perfeitamente a função de dominante.

3. Assinale a opção que apresenta uma correta enarmonização para o acorde indicado a seguir:

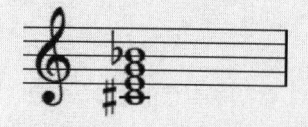

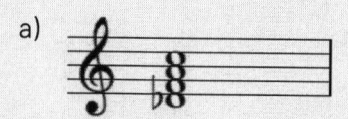

   a)

   b)

   c)

d)

e)

4. Assinale a alternativa **incorreta** a respeito do empréstimo modal:
   a) A 3ª de picardia é um empréstimo modal em uma tonalidade menor, que torna maiores todos os acordes de tônica.
   b) A dominante maior utilizada no modo menor pode ser interpretada como um empréstimo modal.
   c) Acordes formados na tonalidade homônima podem ser usados como acordes de empréstimo modal.
   d) Acordes de empréstimo modal não alteram as características da tonalidade principal.
   e) Acordes de empréstimo modal permitem que um modo seja beneficiado pela apropriação das alterações presentes no campo harmônico do outro.

5. Imagine que uma música na tonalidade de Sol menor finaliza no acorde de tônica (Sol – Sib – Ré). Nesse último acorde, a ocorrência de um Si♮ caracteriza:
   a) empréstimo modal da escala menor melódica.
   b) 3ª de picardia.
   c) acorde modulante.
   d) cromatismo de passagem.
   e) uma dominante secundária.

Atividades de aprendizagem

Questões para reflexão

1. Por que o acorde de 7ª diminuta é o único que pode ser chamado de *acorde simétrico*?

2. Por que o acorde de 7ª diminuta pode ser resolvido na tônica de qualquer tonalidade?

3. Como é possível definir a expressão *empréstimo modal*, ou *mistura de modos*?

Atividades aplicadas: prática

1. Nas tonalidades maiores indicadas a seguir, escreva as dominantes secundárias de acordo com a cifragem dada.

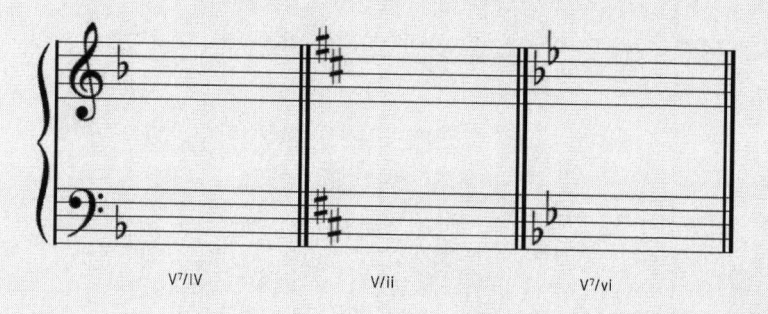

V^7/IV V/ii V^7/vi

2. Os acordes escritos em "a" e "b" representam dominantes secundárias. Observe atentamente as armaduras de clave e as alterações inseridas nos acordes e determine os graus que estão sendo tonicizados por essas dominantes individuais.

235

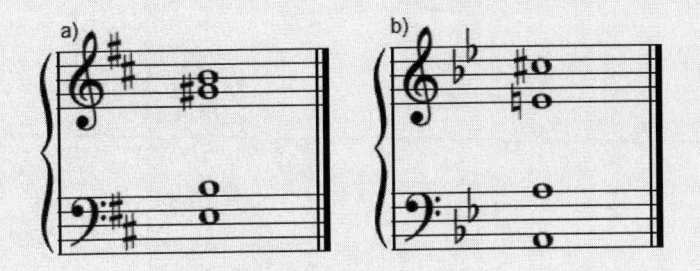

Capítulo 6
MODULAÇÃO

Quando ouvimos música tonal, percebemos com relativa facilidade que se trata de um tipo de música que tem um centro tonal, com um campo harmônico específico, que orbita a tônica dessa tonalidade e define um ponto de finalização e repouso. Dessa forma, são criadas as relações de afastamento e aproximação, e essas relações estabelecem pontos de referência para a audição atenta de uma música. É possível que, em determinadas músicas, sejamos capazes de identificar alguns trechos em outras tonalidades, que apresentam outras relações tonais diferentes da tonalidade inicial. Essas pequenas passagens inseridas em uma música são chamadas de *áreas tonais* ou *regiões tonais*. Se as passagens por outras regiões tonais não são apenas passageiras, configura-se o que chamamos de *modulação*, assunto deste capítulo.

Abordaremos aqui, formas musicais que são utilizadas nos contextos da música erudita e da música popular; afinal, a maior parte do que é produzido na música popular também pode ser classificado como *música tonal*.

6.1 Definição

Muitos autores escreveram definições e especificações sobre o processo de modulação. Nem sempre existe um consenso quanto a isso, pois, como anunciamos há pouco, a modulação ocorre quando outras regiões tonais são inseridas na música não apenas de modo passageiro, algo que é bastante debatido. Precisar quanto tempo de passagem por outra tonalidade caracteriza uma modulação ou apenas uma região tonal de passagem é uma ação que pode ser afetada pela subjetividade de quem analisa. Dudeque (2003b, p. 2) explica que "de fato, não existe regra para tal, mas devemos sim nos basear no bom senso e em um pouco de análise musical".

Há trechos em que ocorre uma mudança transitória (em geral, para o tom da subdominante ou dominante), retornando em seguida para a tonalidade original. Esses trechos são chamados de **região tonal de passagem** e não configuram uma modulação. Kostka e Payne (2012, p. 263) explicam que:

> Quase todas as composições da era tonal começam e terminam na mesma tonalidade. Às vezes o modo será modicado, geralmente de menor para maior, mas a nota da tônica permanece a mesma. Uma peça que começa em Dó menor e termina em Dó maior é ainda em Dó. Mesmo obras com múltiplos movimentos começam e terminam na mesma tonalidade se os movimentos são pretendidos para serem tocados juntos como uma unidade. [...] Usamos o termo mudança de tonalidade para situações como: "Há uma mudança de tonalidade de Dó maior no primeiro movimento para Fá maior no segundo movimento". Modulação é outra coisa.

Os autores são claros ao afirmar o que não pode ser entendido como modulação. Basicamente, se a peça começa e termina na mesma tonalidade (ainda que em modo diferente), não há uma caracterização de modulação. Para Kostka e Payne (2012, p. 263), a modulação é "uma troca de centro tonal que ocorre dentro de um movimento particular". Não se trata, portanto, de uma passagem por outro centro tonal, mas de uma troca de centro tonal. Eles explicam que, em uma obra tonal começando e terminando na mesma tonalidade, são comuns outras tonalidades na obra, que, às vezes, são até muito bem estabelecidas; e, quanto maior a obra, maiores as possibilidades de inserções de outras tonalidades. No entanto, para os autores, se a obra começa e termina na mesma tonalidade, não ocorre modulação.

Convém verificar o que outros autores afirmam a respeito da definição do termo *modulação*.

Med (1996, p. 162) define *modulação* como "a passagem de um para outro tom" e apresenta o termo *tonulação* como sinônimo. O autor apresenta dois tipos de modulação: (1) a que tem caráter transitório e, nesse caso, sendo chamada de *modulação passageira*; (2) e a que tem caráter estável, é chamada de *modulação definitiva*. Segundo Med (1996), se a modulação for passageira, é aconselhável grafar os acidentes próprios da tonalidade provisória como alterações ocorrentes. No caso de modulação definitiva, deve haver mudança de armadura de clave.

A expressão *modulação passageira* contrasta com a opinião de Kostka e Payne (2012), que afirmam que só existe modulação com a troca do centro tonal de modo definitivo.

Para Koellreutter (1978, p. 37), "Mudança na função de um mesmo acorde significa mudança de tom". Conforme o autor, a modulação ocorre em um processo de três etapas: (1º) o tom de partida (tom original); (2º) o acorde modulante; (3º) o tom para o qual estamos realizando a modulação (tom de chegada). Koellreutter (1978), assim como Med (1996), fala da "modulação passageira" quando expõe que o tom de chegada precisa ser confirmado por uma cadência perfeita; caso contrário, a modulação é considerada passageira.

Dudeque (2003b, p. 1) não apresenta uma definição para o termo *modulação*, mas afirma que ela "implica em uma mudança de centro tonal, ou tônica, isto é, por uma duração maior do que uma simples mudança passageira de região". Esse autor corrobora com a opinião de Kostka e Payne (2012) ao afirmar que:

Por exemplo, se temos uma obra musical com dois temas e o primeiro destes é apresentado na sua integridade na tônica, mesmo que ocorram tonicalizações e desvio(s) para outra região tonal não ocorrerá modulação neste tema. No entanto, podemos também ter um segundo tema que é apresentado na sua integridade em outra tonalidade, por exemplo na dominante. Aqui o material temático, e a duração do tema definiram um novo centro tonal, uma modulação. (Dudeque, 2003b, p. 1-2)

Hindemith (1998, p. 101) designa como *modulação* "o deslocamento de uma tonalidade para outra". O autor acrescenta que não deve ocorrer modulação antes que a primeira tonalidade esteja claramente definida. Para Hindemith (1998), ocorrendo uma modulação, é necessário que a nova tonalidade esteja expressa de maneira absolutamente clara e livre de qualquer ambiguidade. Hindemmitt (1998), assim como Koellreutter (1978), afirma que a cadência é a melhor forma de se estabelecer uma tonalidade com clareza e que deve ser formada por pelo menos três acordes da tonalidade, sendo o último o acorde de tônica. Também explica que as cadências mais decisivas são as que finalizam com o acorde de dominante precedendo o de tônica.

Assis (2016, p. 10) qualifica *modulação* como "relações entre diferentes centros tonais ou diferentes tônicas" ou, ainda, como um "processo de relacionar campos tonais diferentes" (Assis, 2010, p. 51). O autor considera que as modulações devem ser compreendidas como extensões da tonalidade principal e que existe necessidade de que as relações da nova tonalidade com a tonalidade inicial estejam sempre definidas com muita clareza.

Como alertamos no início desta seção, existem diferentes impressões a respeito do conceito de *modulação*. Os limites não são claros. Alguém pode julgar como muito curto um trecho que está tonicizando uma nova tonalidade, ao passo que outro ouvinte pode ter a percepção de que o trecho já é suficiente para que a modulação seja considerada. Em geral, o tempo é o fator mais importante nessa determinação, embora outros aspectos cadenciais também contribuam. Kostka e Payne (2012) explicam que não há exatamente uma análise certa ou errada, e a diferença entre as análises não é o mais importante. Ouvintes diferentes farão interpretações diferentes.

6.2 Diferentes modulações

Com relação à troca do centro tonal, Dudeque (2003b) apresenta uma classificação em três níveis:

1. **nível local**, em que um acorde é tonicizado por uma dominante secundária, sem que a tonalidade original perca suas características;
2. **nível um pouco mais extenso**, no qual existe um trecho da música em outra região tonal;
3. **nível mais permanente**, em que realmente ocorre a mudança de tônica.

Nem sempre é simples definir quando ocorre uma tonicização ou uma modulação. Nesse processo, a utilização de cadências conclusivas pode auxiliar o ouvinte a perceber com mais clareza a ocorrência ou não da modulação (Kostka; Payne, 2012).

Kostka e Payne (2012) afirmam que não ocorre modulação nas seguintes situações:

- Em tonalidades equivalentes, ou **tonalidades enarmônicas** – Se a música, por qualquer razão, estiver sendo escrita em Solb Maior e passar a ser escrita em Fá# Maior, não é razoável declarar que ocorreu modulação, pois a tônica é a mesma, ainda que escrita de maneiras diferentes (enarmônicas).
- Em tonalidades com a mesma tônica, mas modos diferentes, ou seja, **tonalidades homônimas** – Aqui, mais uma vez, a tônica não se altera, logo, não é correto afirmar que ocorre modulação. O que ocorre, nesse caso, é uma mudança de modos, ou empréstimo modal, como explicamos no Capítulo 5.

6.2.1 Relações entre tonalidades

É importante reconhecer os tipos de relação estabelecida entre as tonalidades, pois tal compreensão pode ser muito facilitadora na escrita ou na análise de modulações. Kostka e Payne (2012) citam as seguintes relações entre tonalidades: relativas, vizinhas ou afastadas. Descreveremos cada uma delas separadamente.

Tonalidades relativas

As tonalidades relativas têm a mesma armadura de clave, e as modulações que ocorrem entre tonalidades relativas são bastante comuns. Apesar de compartilharem a mesma armadura, o termo *modulação* é apropriado nesse caso, porque ocorre uma movimentação entre as tônicas diferentes.

Tonalidades vizinhas

Tonalidades vizinhas são aquelas que apresentam diferença de apenas uma alteração em suas armaduras de clave. Os tons vizinhos são o tom da subdominante, o tom da dominante e seus relativos, conforme apresenta a figura a seguir.

Figura 6.1 – Tons vizinhos (esquema)

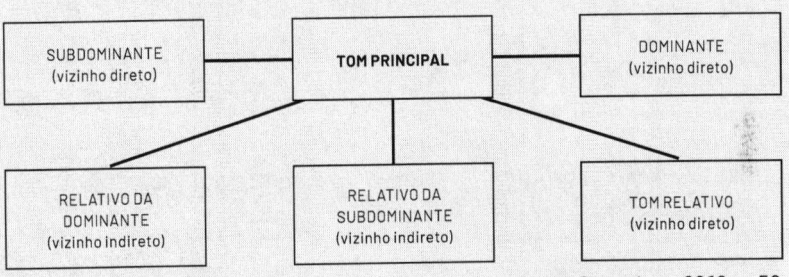

```
┌─────────────────┐      ┌──────────────┐      ┌─────────────────┐
│  SUBDOMINANTE   │──────│ TOM PRINCIPAL│──────│    DOMINANTE    │
│ (vizinho direto)│      │              │      │ (vizinho direto)│
└─────────────────┘      └──────┬───────┘      └─────────────────┘
         │                      │                       │
┌─────────────────┐   ┌──────────────────┐   ┌─────────────────┐
│   RELATIVO DA   │   │   RELATIVO DA    │   │  TOM RELATIVO   │
│   DOMINANTE     │   │  SUBDOMINANTE    │   │ (vizinho direto)│
│(vizinho indireto)│   │(vizinho indireto)│   │                 │
└─────────────────┘   └──────────────────┘   └─────────────────┘
```

Fonte: Gonçalves, 2019, p. 56.

Observe, na figura que segue, os tons vizinhos de Lá Maior, com suas armaduras de clave.

Figura 6.2 – Tons vizinhos (pauta)

Subdominante	Tom principal	Dominante
Ré Maior	**Lá Maior**	**Mi Maior**

Relativo da subdominante	Relativo do tom principal	Relativo da dominante
Si menor	**Fá# menor**	**Dó# menor**

Fonte: Gonçalves, 2019, p. 57.

Muitas modulações são efetuadas entre tonalidades vizinhas, dado o grande número de notas em comum que apresentam, o que as deixa próximas em relação à sonoridade (Dudeque, 2003b).

Tonalidades afastadas

Quando há duas tonalidades que não são enarmônicas, homônimas, relativas ou vizinhas, configura-se uma "relação estranha" (Kostka; Payne, 2012, p. 265). Essas tonalidades são chamadas de *tonalidades afastadas*. Kostka e Payne (2012) expõem que essas relações costumam ser expressas como relações mais simples. Então, por exemplo, na modulação da tonalidade de Sol Maior para Lá Maior, constitui-se uma modulação para a dominante (Lá Maior) da dominante (Ré Maior).

As tonalidades mais próximas entre si são as relativas ou vizinhas, e entre elas há uma grande ocorrência de modulações.

6.2.2 Modulações

Até aqui, comentamos sobre as relações possíveis entre as tonalidades, e as ocorrências mais comuns de modulação. Convém clarificar como essas modulações realmente acontecem. A seguir, detalhamos algumas formas de realizarmos modulações em trechos musicais.

O tipo mais comum de modulação é o que ocorre com a utilização dos chamados de **acordes neutros** – aqueles que são comuns às duas tonalidades (a tonalidade inicial e a tonalidade para onde se está modulando), servindo, portanto, de intercessão entre elas. Acordes neutros também podem ser chamados de *acordes pivô*, ou *acordes comuns*. Kostka e Payne (2012) afirmam que muitas modulações são tornadas mais suaves, em razão do uso de um acorde entre as tonalidades inicial e final, que os autores chamam de *acorde comum*.

Dudeque (2003b) explica que, no que diz respeito à afinidade tonal, uma tonalidade se aproxima de outra quando apresenta acordes diatônicos comuns entre si. Se considerarmos tonalidades relativas ou vizinhas, sempre encontraremos pelo menos um acorde comum. Ao examinarmos as tríades diatônicas formadas nas duas tonalidades, encontraremos com facilidade quais são esses acordes. Observe a ocorrência de acordes comuns entre duas tonalidades relativas, tomando a escala menor harmônica:

Figura 6.3 – Acordes comuns: tonalidades relativas

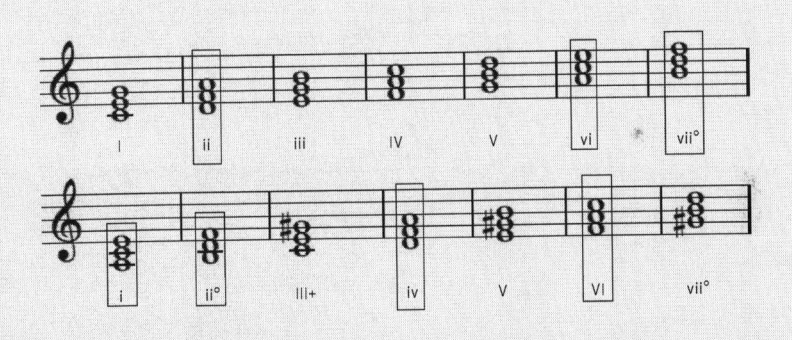

Todos os acordes que não estão alterados na escala menor harmônica encontram um acorde em comum na escala relativa maior. Há quatro acordes em comum que podem ser observados no quadro a seguir.

Quadro 6.1 – Acordes comuns: tonalidades relativas

Em Dó Maior	Em Lá menor
ii	iv
IV	VI
vi	i
vii°	ii°

Em tonalidades vizinhas, também há pelo menos um acorde comum. Na próxima figura, há quatro acordes comuns entre Ré Maior e Sol Maior.

Figura 6.4 – Acordes comuns: Ré Maior e Sol Maior

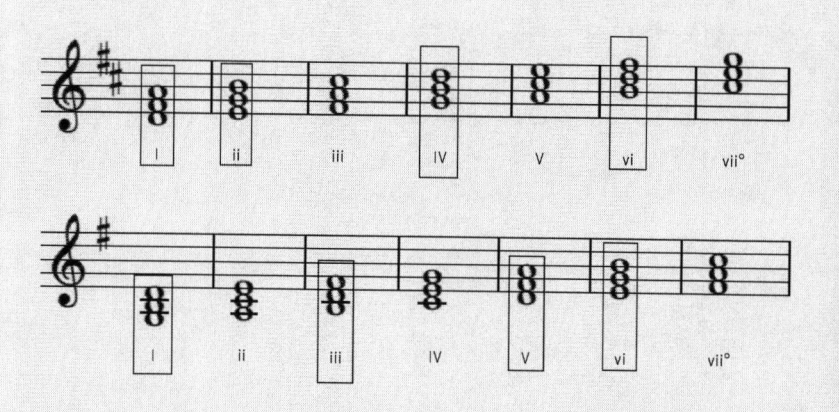

Observe, no quadro a seguir, a ocorrência de acordes comuns nas tonalidades de Ré Maior e Sol Maior (vizinhos diretos).

Quadro 6.2 – Acordes comuns: Ré Maior e Sol Maior

Em Ré Maior	Em Sol Maior
I	V
ii	v
IV	I
vi	iii

Na figura seguinte, em que constam vizinhos indiretos (Ré Maior e Mi menor – relativo da subdominante), há apenas um acorde comum.

Figura 6.5 – Acordes comuns: Ré Maior e Mi menor

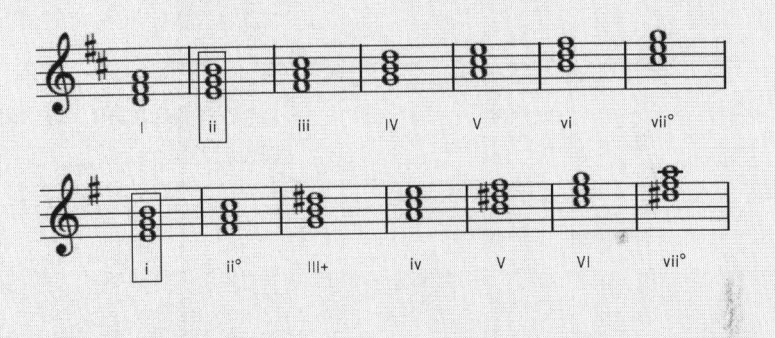

I ii iii IV V vi vii°

i ii° III+ iv V VI vii°

Ao modularmos para uma tonalidade relativa ou vizinha, é conveniente fazer uso desses acordes comuns para que a transição seja harmoniosa e clara. Também é importante reafirmar a nova tonalidade (ou nova área tonal), usando uma cadência da nova tonalidade, destacando a tônica da tonalidade para a qual modulamos. Conforme comentamos no início do capítulo, as cadências mais conclusivas são as que finalizam com o acorde de dominante (ou um acorde subV) precedendo o acorde de tônica. Hindemith (1998) afirma que a relação de proximidade entre o penúltimo acorde e a tônica determinam o quanto a finalização será conclusiva. Quanto mais distante for essa relação, menos decisiva será a cadência.

Acordes diatônicos comuns são os mais frequentemente usados para realização de uma modulação, mas também é possível utilizar um **acorde alterado** como acorde comum.

Hindemith (1998) descreve três formas diferentes do uso de acordes comuns:

1. o acorde comum pode ser uma dominante secundária da dominante ou da subdominante da nova tonalidade;
2. ele pode ser uma dominante secundária do II, III ou VI grau da nova tonalidade;
3. pode ser um acorde alterado da nova tonalidade.

Esses acordes alterados produzem a tonicização de determinado acorde, o que às vezes é passageiro, como informamos ao abordar as dominantes secundárias. Contudo, o acorde alterado também pode ser o início de um processo modulatório ou de mudança de área tonal (Dudeque, 2003b).

Assis (2016) explica que existem muitas possibilidades para a realização de uma modulação e ressalta a importância das alterações, pois permitem que os centros tonais se comuniquem por meio do cromatismo.

Kostka e Payne (2012) descrevem outro tipo de modulação que não se utiliza de um acorde comum, mas de uma **nota comum**. Os autores acrescentam que, na modulação por acorde comum, a progressão harmônica tende a tornar a modulação mais suave e harmoniosa, ao passo que a modulação por nota comum geralmente é "anunciada claramente para o ouvinte pelo isolamento da nota comum" (Kostka; Payne, 2012, p. 278).

Portanto, há a possibilidade da utilização de acordes comuns para encadear uma modulação. Nesse caso, usamos um (ou mais) acordes que fazem parte das duas tonalidades como ligação entre elas. No entanto, existem modulações que acontecem sem um acorde comum. Essas modulações são chamadas por Kostka e Payne (2012) de *modulações diretas*. Sobre elas, os autores relatam que acontecem "sem qualquer tentativa de torná-la mais suave através do uso de acordes comuns ou notas comuns. Tais modulações mais frequentemente ocorrem entre frases, por isso, este tipo de modulação é geralmente chamado de **modulação de frase**"(Kostka; Payne, 2012, p. 283, grifo do original). Essas modulações também podem ser chamadas de *modulações abruptas* (Piston, 1987) ou *modulações de surpresa* (Hindemith, 1998).

Hindemmith (1998) explica que há modulações nas quais não se pensa em definir uma zona intermediária. A tonalidade inicial é bem-definida e, em seguida, a segunda tonalidade é inserida de maneira direta, sem preparação, como contraste harmônico. O autor assinala o fato de que esse recurso precisa ser usado com prudência, como recurso especial, para que não haja ruptura no desenvolvimento harmônico. Também é preciso haver um cuidado para que não haja um contraste muito grande entre o último acorde da tonalidade inicial e o primeiro da nova tonalidade.

A **modulação sequencial** é uma forma simples de se produzir a mudança do centro tonal. Consiste em repetir determinado trecho musical em outra tonalidade, mais grave ou mais aguda do que a original. Dudeque (2003b) afirma que ocorre quando o compositor simplesmente transpõe para outro centro tonal uma ideia musical apresentada. Kostka e Payne (2012, p. 276) explicam que "é um expediente simples: o compositor simplesmente apresenta algo em um nível de alturas e então imediatamente apresenta-o novamente em outro nível de alturas".

Para se inserir a cifragem nos casos de uma troca de área tonal ou de uma modulação, a nova tonalidade ou área tonal deve ser cifrada abaixo da tonalidade inicial da obra ou trecho musical. Na próxima seção, forneceremos exemplos dos tipos de modulação que comentamos aqui, assim como da cifragem utilizada para a identificação das modulações constantes nos trechos.

Observemos um exemplo dessa cifragem. Suponhamos que haja uma troca de região tonal de Lá para Mi. Se, em Lá Maior, houver a progressão I – ii – IV – V^7 – vi e nesse último acorde (vi) houver modulação para Mi Maior, seguindo com a progressão ii – V – I, uma possibilidade de cifragem será a indicada na Figura 6.6:

Figura 6.6 – Cifragem: modulação (1)

Lá: I   ii   IV   V^7 vi

Mi: ii   V   I

Outra forma de notação é a que destaca na linha inferior apenas o acorde modulatório, e, em seguida, os algarismos romanos são colocados na linha logo abaixo do pentagrama, conforme a figura a seguir.

Figura 6.7 – Cifragem: modulação (2)

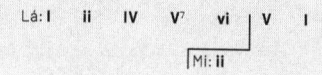

Lá: I   ii   IV   V^7 vi | V   I

Mi: ii

Dudeque (2003b) explica que a identificação do acorde inicial da nova tonalidade nem sempre é muito precisa, e é necessário tomar cuidado na indicação desse acorde. É importante ouvir o trecho para que a modulação seja percebida não somente pela análise, mas também auditivamente.

6.3 Exemplos de análises harmônicas com modulação

Agora é o momento de verificarmos como tudo isso funciona na prática. Nesta seção, forneceremos exemplos de análises dos tipos de modulação que comentamos, assim como da cifragem utilizada para a identificação das modulações constantes nos trechos.

Importante!

Sugerimos que tenha à disposição seu instrumento preferido ao longo desta leitura, pois é essencial que você ouça os exemplos que serão descritos aqui, percebendo as mudanças de áreas tonais, regiões de passagem, e quais são as mudanças que funcionam melhor e soam mais suaves ao ouvido.

O primeiro exemplo de modulação está expresso na próxima figura. A tonalidade inicial é Sib Maior e ocorre uma modulação para Dó menor. Existe um acorde comum, que é o ii grau de Sib Maior, o qual é, ao mesmo tempo o i grau de Dó menor. A confirmação da nova tonalidade acontece por meio da introdução do Si natural, como sensível de Dó menor. Essa sensível surge no acorde de vii°

grau na primeira inversão (penúltimo compasso), destacando a nova tônica (Dó).

Figura 6.8 – Exemplo de modulação (1)

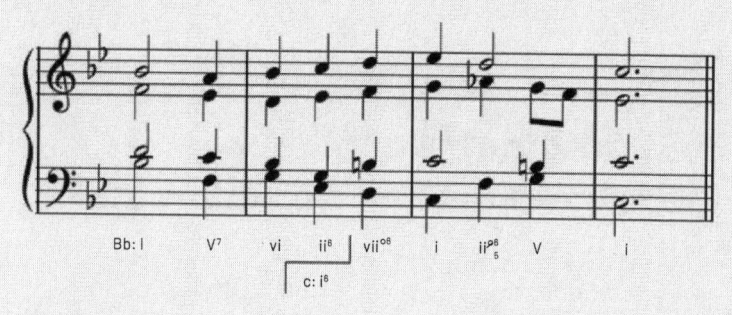

Bb: I   V⁷   vi   ii⁶   vii°⁶   i   ii∅⁶₅   V   i
                              c: i⁶

Fonte: Kostka e Payne, 2012, p. 267.

A introdução da sensível de Dó menor (Si♮) contribui para que a modulação se torne coerente, atraindo a nova tônica de modo indiscutível. Dudeque (2003b) observa que um centro tonal novo pode também ser introduzido aos poucos, com acordes característicos da nova tonalidade surgindo gradativamente.

Voltemos nossa atenção para a cifragem utilizada para indicar essa modulação. Dudeque (2003b) orienta: enquanto estamos na primeira tonalidade, os acordes estão escritos logo abaixo do pentagrama; após a modulação, os numerais são colocados em uma "linha imaginária" abaixo da primeira linha de numerais romanos. No entanto, Kostka e Payne (2012) orientam que a linha mais abaixo seja utilizada apenas para o acorde modulatório, sendo os numerais romanos dos acordes seguintes (já na nova tonalidade) escritos logo abaixo do pentagrama. Neste livro, adotaremos a notação indicada por Kostka e Payne (2012).

O acorde comum é uma das formas mais eficientes de se realizar uma modulação; todavia, alguns cuidados precisam ser tomados. Kostka e Payne (2012) explicam que utilizar o V ou o vii grau das duas tonalidades como um acorde comum não é uma escolha que resulte muito bem-sucedida. Observe a próxima figura e, se possível, procure tocar a parte (a) do exemplo. Perceba que a modulação soa muito direta. Na parte (b), há a inclusão de alguns acordes intermediários como uma boa solução para que a modulação ocorra de modo mais suave. Repare que, na parte (b), Kostka & Payne (2012) apontam para a inserção de uma cadência de engano ou de um acorde 6,4 cadencial, ou das duas alternativas juntas para que a modulação seja suavizada. Note (procure tocar) o efeito da inclusão desses acordes e perceba como a modulação resulta muito mais agradável ao ouvido.

Figura 6.9 – Exemplo de modulação (2)

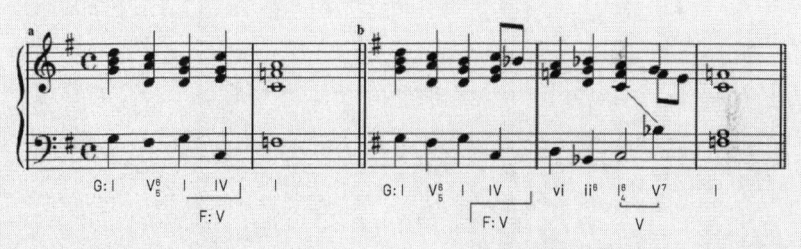

Fonte: Kostka; Payne, 2012, p. 267.

Cadências inseridas providenciam uma direção gradativa para a tonalidade final. Esse direcionamento possibilita uma modulação na qual não há quebra do fluxo harmônico, sendo, por isso mesmo, muito mais suave para o ouvido.

Figura 6.10 – Exemplo de modulação (3)

C: I V_2^4 I^6 vii°⁶ I I_4^6 V
                                    V

G: IV
I vii°⁶ vii°⁶/ii ii⁶ V⁷ I

Fonte: Kostka; Payne, 2012, p. 268.

Na próxima figura, mostramos um exemplo em Dó Maior, modulando para o tom da dominante (Sol Maior). Atenção para o acorde de vii° grau na 1ª inversão que ocorre no segundo tempo do quinto compasso. Esse acorde é muito mais naturalmente inserido como parte da tonalidade de Sol Maior; isso porque, em Dó Maior, ele é apenas uma sensível secundária. O acorde comum está no primeiro tempo desse compasso (I em Dó Maior e IV em Sol Maior). A modulação para o tom da dominante é uma das mais comumente utilizadas.

Outra possibilidade de modulação é a utilização de notas comuns, em vez de acordes comuns. No exemplo da Figura 6.14, adiante, há uma modulação de Si menor para Ré Maior. Como já esmiuçamos na seção anterior, entre duas tonalidades relativas ocorre modulação porque a tônica é modificada. No terceiro compasso, a nota Fá repetida é a nota comum entre as duas tonalidades, que proporciona a realização da modulação com suavidade e elegância.

Dudeque (2003b), diferentemente de Kostka e Payne (2012), insere a cifragem após a modulação em uma linha imaginária, que fica abaixo da primeira linha de numerais romanos:

Figura 6.11 – Exemplo de modulação (4)

[partitura musical com cifragem: Si: i — V$_5^6$ — i — V$_3^4$ — i^6 — ii^{o6} — V   Ré: I — V^6 — V$_3^4$ — I]

Fonte: Dudéque, 2003b, p. 15.

Na figura a seguir, examinemos uma modulação realizada de Dó Maior para Ré Maior com utilização de um acorde alterado. Observe que, no segundo acorde do segundo compasso, há um acorde com função secundária em Dó Maior, mas em Ré Maior ele é um acorde diatônico. A confirmação da tonalidade ocorre por meio da cadência final, com estabelecimento definitivo da nova tônica.

Figura 6.12 – Exemplo de modulação (5)

Fonte: Dudeque, 2003b, p. 9.

Na próxima figura, consta um exemplo de modulação sequencial. O primeiro trecho está na tonalidade de Dó Maior, nos primeiros três compassos. Nos três compassos seguintes, há uma sequência em Ré menor.

Figura 6.13 – Exemplo de modulação (6)

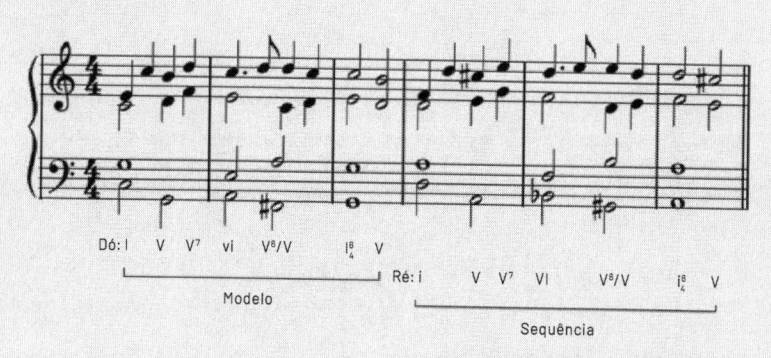

Fonte: Dudeque, 2003b, p. 10.

> **Audição livre**
>
> Ouça este famoso *Minueto em Sol Maior*, de Bach, e perceba a delicadeza com que ele trata a breve mudança de área tonal, como se fosse uma espécie de "passeio" pela dominante, retornando à tonalidade original com muita suavidade. No vídeo, aparece a partitura no decorrer de toda a música. Vale a pena prestar atenção em todos os detalhes!
>
> THE GREAT REPERTOIRE. Bach. **Minuet in G major, BWV Anh 114, Piano.** 1 vídeo (1 min 46 s). Disponível em: <https://www.youtube.com/watch?v=p1gGxpitLO8>. Acesso em: 10 ago. 2022.

6.4 Formas harmônicas presentes na música erudita

A forma musical constrói-se sobre alguma estrutura, e a construção dessa forma obedece a critérios, normas e processos que têm pontos em comum com várias obras musicais. Assis (2016) assim define:

- **Forma** – Organização dos sons de maneira que direciona o discurso musical a fim de que tenha um sentido.
- **Estrutura** – Suporte, como um "esqueleto", sobre o qual vão sendo construídas relações. Por isso, a harmonia, com suas cadências e relações tonais, participa de modo efetivo na construção dessa estrutura.

Os temas e as ideias musicais basicamente podem ser organizados de três maneiras distintas, quais sejam: recorrência, contraste e variação. Assis (2016) explica que, quando há uma ideia musical que se repete, tal forma se apresenta como **recorrência**. Se se trata de uma nova ideia, que confronta com a primeira ideia já ouvida, a forma se apresenta por **contraste**. Se a ideia é reapresentada com algumas diferenças, essa forma se apresenta por **variação**. As obras musicais, partindo dessas configurações, organizam-se de várias maneiras diferentes, que podem ser simples ou complexas.

O autor chama a atenção para o fato de que essas formas, embora padronizadas, são modelos que os compositores tendem a seguir com muita liberdade, sem que esta configure uma espécie de "engessamento" de sua criatividade. "Alguns padrões podem ser alterados, subvertidos, transformados ou mesclados com outros" (Assis, 2016, p. 60).

Nas subseções que seguem, mostraremos alguns exemplos de formas musicais muito presentes na música erudita; no entanto, alertamos que a determinação da forma de uma obra musical não é sempre óbvia. É importante analisar cuidadosamente a peça, buscando compreender os caminhos tomados pelo compositor, com o objetivo de descobrir a intenção dele com aquela obra. O que não podemos fazer é enquadrar uma peça em determinado estilo "à força", porque, onde existe criatividade, sempre haverá exceções às formas estabelecidas e estudadas.

6.4.1 Forma estrófica

Os hinos religiosos sem refrão são escritos em forma estrófica. Também nessa forma há muitas canções populares, folclóricas, *chansons* (canções francesas) e *lieder* (canções alemãs).

Em geral, essa forma é composta de uma melodia simples, que se repete duas ou mais vezes (Assis, 2016).

Audição livre

Observe os exemplos do hino *Holy! Holy! Holy!*, de autoria de John Bacchus Dykes (1861). Esse hino está em forma estrófica, lindamente enriquecido por modulações e arranjo orquestral. A melodia é simples, mas a harmonização a quatro vozes e interpretação fazem toda a diferença.

THE TABERNACLE CHOIR AT TEMPLE SQUARE. Holy, holy. **Holy – Mormon Tabernacle Choir.** 1 vídeo (4 min 11 s). Disponível em: <https://www.youtube.com/watch?v=2qCmtUhiKcA>. Acesso em: 10 ago. 2022.

Também em forma estrófica é a linda "canção de ninar" (*Wiegenlied*) de Schubert. Não deixe de apreciar essa singela e formidável composição!

SHEETMUSIC2PRINT. Schubert: **Wiegenlied, D 498.** 1 vídeo (3 min). Disponível em: <https://www.youtube.com/watch?v=BIKl-Fq7yY9A>. Acesso em: 10 ago. 2022.

6.4.2 Forma binária

A forma binária é aquela que apresenta duas seções aproximadamente equivalentes. Assis (2016) explica que foi no Barroco que essa forma (binária simples) se estabeleceu. Por ser simétrica e equilibrada, também pode ser chamada de *binária simétrica*.

Kostka e Payne (2012) explicam que *Greensleeves* (conhecida melodia popular inglesa de autoria desconhecida) é uma forma binária seccional, pois a primeira parte dela termina com uma harmonia de tônica. Quando a primeira parte de uma forma binária finaliza com qualquer outra que não a tônica da tonalidade principal, ela é chamada de *forma binária contínua*.

Figura 6.14 – *Greensleeves* (forma binária)

Fonte: Kostka; Payne, 2012, p. 289.

Quando o compositor, após apresentar a ideia na primeira parte, busca expandir o discurso musical, explorando ou desenvolvendo as ideias apresentadas, ou até mesmo inserindo ideias novas, configura-se o que se chama de *forma binária assimétrica* (Assis, 2016).

6.4.3 Forma ternária

Na forma ternária, existe uma ideia de apresentação de um tema, seguida de um tema contrastante, e retorno ao tema inicial. Essa forma é simbolizada como A B A e é uma ideia importante no estudo da forma musical, pois tal estrutura pode servir tanto para um tema curto quanto para um movimento extenso de sonata ou sinfonia (Kostka; Payne, 2012).

Assis (2016, p. 66) esclarece que essa é uma forma muito frequente "nas árias de óperas e oratórios barrocos na seguinte configuração: uma primeira seção na tonalidade principal, uma seção intermediária na tonalidade relativa, com mudanças de caráter e andamento, e a reprise da seção inicial que geralmente era ornamentada pelo cantor".

A maioria dos chorinhos brasileiros está escrita em forma ternária, assim como os minuetos com trio e os *scherzos* (peças musicais ligeiras e alegres). Assis (2016) aponta a obra *Menuetto*, de Ignaz Joseph Pleyel (1757-1831), como exemplo de obra ternária.

> **Indicações culturais**
>
> A partitura completa de *Menuetto* está disponível no *link* indicado a seguir:
>
> MENUETTO. Disponível em: <http://conquest.imslp.info/files/imglnks/usimg/b/b2/IMSLP230900-WIMA.d111-Pleyel_Menuetto_Moderato-Trio.pdf>. Acesso em: 10 ago. 2022.

6.4.4 Forma binaria cíclica

Kostka e Payne (2012) afirmam que, com frequência, pode acontecer de uma forma ternária retornar apenas à metade da primeira seção A – caso que pode ser expresso pela fórmula A B ½ A – configurando o que alguns autores denominam *forma binária cíclica*. Outros autores a designam como *forma binária recorrente*. Observe, a seguir, o esquema dessa forma, em que a primeira parte (A) é dividida em (a e a'). A 2ª parte é composta por B e ½ A, em que B corresponde a um novo tema (b) e ½ A seria igual a a'.

Quadro 6.3 – Forma binária cíclica

A		B	1/2a
a	a'	b	a'

6.4.5 Forma sonata

A forma sonata é semelhante a uma forma ternária; no entanto, as três seções são muito ampliadas, de modo que é possível inserir temas solitários ou agrupados, entre os quais pode haver trechos de transição. Essa forma é muito utilizada no primeiro movimento de uma sinfonia, poema sinfônico, abertura de óperas, quarteto de cordas ou sonata, o que não impede que outros movimentos também sejam escritos na forma sonata. Muitos autores descrevem-na como a estrutura mais importante do sistema tonal, presente em inúmeras obras tonais.

Ela também pode ser chamada de *allegro de sonata* e em cada movimento ela é construída de modo muito particular. Especificaremos, então, a estrutura geral dessa significativa forma musical.

Primeiramente, é preciso estar atento às denominações das partes da forma sonata. Em vez de utilizarmos A B A, Kostka & Payne (2012, p. 297) explicam que "nós utilizamos as nomenclaturas exposição, desenvolvimento, e recapitulação para as três largas seções da forma sonata. Essas nomenclaturas nos dizem algo sobre a função temática e tonal de cada seção".

- A **exposição** é a parte em que os temas importantes são expostos, ou apresentados. Em geral, ela é constituída por dois temas contrastantes. Assis (2016) explica que:
    - se a tonalidade principal for maior, o segundo tema normalmente estará na tonalidade da dominante;
    - se a tonalidade principal for menor, o segundo tema estará, em geral, na tonalidade da tônica de sua relativa;
    - uma transição, que é por vezes chamada de *ponte*, faz a ligação entre os temas, e a conclusão da exposição é nomeada de *coda*.
- O **desenvolvimento** é uma seção que se mostra mais variável. O compositor pode optar por desenvolver de diversas formas os temas da exposição, tanto do primeiro quanto do segundo tema, bem como de transições e finalizações que tenham sido apresentadas na exposição. Ocasionalmente, pode introduzir um novo tema, mas isso não ocorre com frequência. É comum um "passeio" por várias tonalidades, até a preparação para o retorno da tonalidade inicial.
- A **recapitulação** ou reexposição reapresenta os temas principais do primeiro movimento, e quase sempre o segundo tema da exposição é reapresentado agora como tonalidade principal. Também pode ocorrer a apresentação do segundo tema em modo maior, caso ele tenha sido apresentado em modo menor na exposição.

Audição livre

Como exemplo de forma sonata, ouça a execução de *Eine Kleine Nachtmusik*, de Wolfgang Amadeus Mozart. Agora é a hora de você aproveitar a belíssima sonoridade dessa música imortal!

> ALL CLASSICAL MUSIC. Eine Kleine. **Nachtmusik – Mozart.** 1 vídeo (5 min 47 s). Disponível em: <https://www.youtube.com/watch?v=oy2zDJPlgwc>. Acesso em: 10 ago. 2022.

6.4.6 Forma rondó

A palavra *rondó*, segundo os dicionários, origina-se no verbo "rondar", ou "fazer a ronda", "passear em volta de" (Aulete; Valente, 2022). Na música, o significado da palavra não está distante dessas definições, uma vez que a forma rondó se caracteriza pela repetição periódica do tema principal em alternância com outros temas, secundários.

Kostka e Payne (2012) afirmam que a forma rondó tem como característica um **tema refrão** alternando com outras passagens que contrastam com esse tema. Esse retorno (ao refrão) poderia ser analisado como uma característica da forma ternária, mas, na forma rondó, a diferenciação ocorre pelo grande número de retornos. A forma rondó é geralmente aplicada aos movimentos finais de sonatas, quartetos de corda ou sinfonias, o que não impede que movimentos lentos também se utilizem dela. A forma rondó pode se apresentar a cinco partes, a sete partes ou como sonata-rondó.

> **Audição livre**
>
> Um exemplo de forma rondó é o último movimento da *Sonata para piano*, de Beethoven, *opus* 79, III movimento. No vídeo indicado a seguir, a execução da obra é do notável pianista Artur Schnabel. O último movimento inicia aos 7 minutos e 8 segundos do vídeo, mas certamente vale ouvir a sonata inteira!

> JACKY TRAN. **Beethoven – Piano Sonata N. 25 in G major Op. 79 – Artur Schnabel**. 1 vídeo (8 min 39 s). Disponível em: <https://www.youtube.com/watch?v=rHg_ztm4uUo>. Acesso em: 10 ago 2022.

6.5 Principais formas harmônicas da música popular

A expressão *música popular* é geralmente associada a um tipo de música que não se enquadra na categoria de música erudita, mas defini-la com exatidão é sempre uma tarefa bastante árdua. Alguns autores tentaram defini-la como "aquela música que é 'imediata' em sua recepção e apreciação" (Torres, 1997, p. 100).

No entanto, apesar de, em geral, ser pensada como um tipo de música "mais simples", assim como a música do período clássico, grande parte da música popular está baseada na harmonia tonal, e o sistema de cifragem popular tem grandes semelhanças com o baixo cifrado, conforme já salientamos.

Pereira (2011) explica que os estudos sobre a música popular precisaram vencer o preconceito associado à ideia de entretenimento e diversão. Aos poucos, essa visão preconceituosa foi perdendo espaço, e a música popular passou a ser "observada de modo sério e científico como uma forma artística" (Pereira, 2011, p. 119).

6.5.1 Música popular no Brasil

No Brasil, a música popular apresenta-se bastante diferenciada de região para região. Para os estudiosos, existe certo consenso sobre o fato de que as primeiras manifestações musicais genuinamente brasileiras foram as modinhas e os lundus (canções populares baseadas em ritmos africanos), em uma espécie de fusão da música europeia com os ritmos africanos. A grande mistura de povos e ritmos típicos do país permitiu a criação de muitos estilos. E o desenvolvimento do rádio, da mídia e da internet ajudou a espalhar a música brasileira a obter enorme sucesso também fora do país.

Em um país com tantas influências culturais diferentes, existe uma grande variação de ritmos e tipos musicais. Torres (1997) aborda alguns deles, explicando que, no Nordeste, destacam-se o baião, com a síncope característica da MPB (Música Popular Brasileira). A bossa-nova, no final da década de 1950, apresentava estilo sofisticado, tanto harmônica quanto melodicamente. O choro, gênero típico do Rio de Janeiro, caracteriza-se pela improvisação e virtuosidade instrumental, associado à melancolia que justifica o nome de seus executantes: os *chorões*. O samba tem como característica principal o compasso binário e ritmos altamente sincopados. Existem variações do samba por todo o país, além de formas particulares, como o samba-de-breque, o samba de partido-alto, o samba-canção, o samba-choro e o samba-enredo. A seresta, ou serenata, também figura entre os gêneros tipicamente brasileiros.

6.5.2 Algumas formas musicais na música popular

Existem diversas formas musicais que estão presentes tanto na música erudita quanto na música popular. A forma binária cíclica (A B ½ A) é aplicada a muitas canções populares tradicionais. Kostka e Payne (2012) citam *Oh Susannah* como exemplo.

Figura 6.15 – *Oh Susannah* (forma binária cíclica)

Fonte: Kostka; Payne, 2012, p. 289.

Nessa canção, a parte A é apresentada nos primeiros nove compassos. Em seguida, a parte B é exposta nos compassos 9 a 12. Nos últimos quatro compassos, há a repetição de ½ A. Essa forma ocorre com certa frequência em canções tradicionais.

Grande número de canções populares compostas no século XX, especialmente antes da chegada do *rock*, podem ser analisadas em seu padrão ternário, que os autores Kostka e Payne (2012) denominam **forma de balada popular americana**. Essa forma popular tem um período de oito compassos, repetido com texto diferente, e seguido pelo que é chamado de uma *ponte* com mais oito compassos, a qual, em geral, está em outra tonalidade. Para finalizar, ocorre o retorno ao período inicial.

Audição livre

Você pode observar um exemplo da forma de balada popular americana na canção *Moonlight in Vermont*, interpretada por Ella Fitzgerald e Louis Armstrong:

PHALENOPSIS1. **Ella Fitzgerald. Louis Armstrong: Moonlight In Vermont**. 1 vídeo (min 39 s). Disponível em: <https://www.youtube.com/watch?v=esynsha53A8>. Acesso em: 10 ago. 2022.

Outro tipo de canção popular americana se desenvolveu com os negros que entoavam canções enquanto trabalhavam como escravos nas plantações de algodão nos Estados Unidos, em torno de 1870. Essas canções, chamadas de *spiritual*, eram entoadas para marcar o ritmo de trabalho e amenizar a tristeza. Em geral, tinham letras com temas religiosos e eram cantadas de forma estrófica (Torres, 1997).

O *blues* tem sua origem no *spiritual* e, por essa razão, é uma forma que também tem uma característica melancólica. O *blues* de 12 compassos é uma forma musical lenta, muito utilizada e importante em estilos como o *jazz* e o *rock*, e outros estilos que se relacionam com eles.

Kostka e Payne (2012) afirmam que esse é um padrão do *blues*, mas existem inúmeras variações sobre essa forma, e provavelmente os *blues* que ouvimos hoje não seguem com exatidão esse padrão simplificado. Essa forma popular consiste em três frases de quatro compassos, e os autores apresentam o esquema a seguir como o mais básico padrão harmônico para essa forma de *blues*.

Figura 6.16 – Esquema de frases do *blues* de 12 compassos

Frase 1	I	I	I	I
Frase 2	IV	IV	I	I
Frase 3	V	IV	I	I

Fonte: Kostka; Payne, 2012, p. 296.

Melodicamente, o *blues* utiliza uma escala característica chamada de *escala de blues*, que pode ser formada a partir de um dos modos da escala pentatônica. Para criar o elemento de dissonância característico da escala de *blues*, é adicionada uma 4ª aumentada à escala pentatônica menor, formada a partir da nota Lá. A escala de *blues* é também uma escala de seis tons (hexatônica). Observe a figura a seguir.

Figura 6.17 – Escala de *blues*

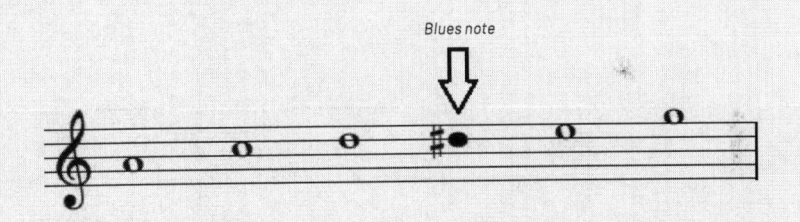

Síntese

Iniciamos este capítulo abordando a modulação, que é um tema que se reveste de especial importância na música tonal. Apresentamos as definições para o termo sob o ponto de vista de vários autores, discutindo brevemente o tema. Em seguida, passamos a descrever o processo de modulação e tratamos especificamente da modulação que ocorre por acordes comuns, diatônicos ou alterados, modulações diretas, modulações em sequência e, ainda, sobre a modulação que ocorre por nota comum. Mostramos vários exemplos de análises harmônicas com modulação e comentamos a utilização da cifragem com algarismos romanos nos trechos em que a modulação acontece.

Finalizando o capítulo, passamos a uma breve exposição sobre as formas mais importantes que encontramos na música popular, assim como na música erudita. Abordamos formas binárias, ternárias, forma sonata, entre outras, com exemplos em partituras ou sugestões de músicas a serem ouvidas na internet.

Atividades de autoavaliação

1. Analise as tonalidades listadas a seguir e determine se pode haver modulação entre elas. Indique V (verdadeiro) quando for possível realizar a modulação e F (falso) quando não for possível.
   ( ) tonalidades vizinhas
   ( ) tonalidades enarmônicas
   ( ) tonalidades homônimas
   ( ) tonalidades relativas
   ( ) tonalidades afastadas

   Agora, assinale a alternativa que apresenta a sequência correta de preenchimento dos parênteses, de cima para baixo:

   a) V, V, F, V, F.
   b) F, F, F, V, V.
   c) V, F, F, V, F.
   d) V, F, F, V, V.
   e) F, F, F, V, F.

2. Numere a segunda coluna de acordo com a primeira.
   I) Acorde neutro
   II) Importante para a confirmação da tonalidade
   III) Repetição do trecho em outra tonalidade
   IV) Também chamada de *modulação de frase*

   ( ) Modulação direta
   ( ) Pertence às duas tonalidades
   ( ) Cadência
   ( ) Modulação sequencial

   Agora, assinale a alternativa que apresenta a sequência correta de preenchimento dos parênteses, de cima para baixo:

   a) IV, I, II, III.
   b) III, I, IV, II.
   c) II, IV, III, I.
   d) I, IV, II, III.
   e) IV, I, III, II.

3. Leia atentamente as asserções a seguir.
   I) Na forma estrófica, são escritos muitos hinos religiosos e canções populares. Essa forma compõe-se de uma melodia simples, repetida algumas vezes, sem a ocorrência de um refrão.
   II) A forma binária é aquela na qual existem duas seções contrastantes. O conflito tonal é sempre resolvido na segunda parte da obra, gerando uma relação de equilíbrio e simetria.
   III) A forma sonata é uma forma ternária ampliada, com largas seções. Em vez de suas seções serem indicadas pela fórmula A B A, são chamadas de *exposição*, *desenvolvimento* e *reexposição*.

Agora, assinale a alternativa que apresenta todas as proposições corretas:

a) I.

b) I e II.

c) III.

d) I e III.

e) II e III.

4. Sua característica principal é a ocorrência de "tema refrão" que se repete, alternando com outras passagens que contrastam com esse tema. Essa forma geralmente é encontrada nos movimentos finais de sonatas, quartetos de corda ou sinfonias, o que não impede que movimentos lentos também se utilizem dela. Ela se apresenta a cinco partes ou a sete partes. Essa descrição aponta para a forma musical:

    a) sonata.

    b) binária.

    c) ternária.

    d) rondó.

    e) popular.

5. Assinale a alternativa que apresenta uma descrição que **não** está relacionada a uma caraterística do *blues*:

    a) Tem uma escala característica chamada escala de *blues*, que pode ser formada a partir de um dos modos da escala pentatônica.

    b) Tem sua origem no *rock* dos anos 1950.

c) Surgiu com os negros que entoavam canções enquanto trabalhavam como escravos nas plantações de algodão nos Estados Unidos.

d) O *blues* de 12 compassos é uma forma musical de caráter melancólico.

e) A escala de *blues* é uma escala hexafônica.

Atividades de aprendizagem

Questões para reflexão

1. O movimento de Mi Maior para Mi menor pode ser considerado uma modulação? Por quê? E o movimento de Lá# Maior para Sib Maior?

2. A modulação presente no trecho a seguir parece inserida em um contexto harmonioso? Por quê?

Atividades aplicadas: prática

1. Analise a progressão da questão anterior, que determina a tonalidade inicial e a final. Assinale o acorde comum, cifrando-o de acordo com as duas tonalidades.

2. Escreva uma progressão harmônica que tenha entre seis e oito acordes, com ocorrência de uma modulação para uma tonalidade vizinha por acorde diatônico comum.

3. Preencha o nome da nova tonalidade na segunda linha do exercício:

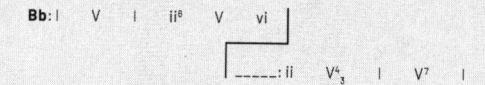

Bb: I   V   I   ii⁶   V   vi
                            ⌊_____: ii   V$^4_3$ I   V⁷   I

CONSIDERAÇÕES FINAIS

Qualquer pessoa que deseje compreender melhor o universo musical precisa conhecer os princípios que norteiam a organização do sistema tonal.

Para abarcar esse universo, no capítulo de abertura deste livro, comentamos os estudos de Pitágoras, que estabeleceram as bases para a compreensão da harmonia. Mencionamos o contexto da Idade Média, iniciado logo após a Antiguidade, estendendo-se por cerca de mil anos. No período, a Igreja dominava e influenciava a cultura. Apesar das críticas dirigidas ao período medieval, vimos que esta foi uma época de muitas conquistas e avanços para a humanidade. Tratamos, então, da Renascença e salientamos a influência do humanismo sobre o pensamento e a música da época, enfatizando a mudança de uma visão teocêntrica para uma perspectiva antropocêntrica. Destacamos que a polifonia era uma característica marcante da música renascentista e que essa época foi palco da Reforma protestante e da Contrarreforma católica. Citamos Palestrina, o "príncipe da música" e as características de seu estilo. Depois, abordamos o Barroco e o início da harmonia tonal, com uma preocupação maior com a concepção vertical da música. Analisamos as contribuições de Rameau e Bach e discorremos sobre a música popular e o uso de cifras.

Na sequência, revisitamos os conteúdos de linguagem musical. Tratamos dos tons e dos semitons, cromáticos e diatônicos, e, então, evidenciamos a formação, a inversão e a análise dos intervalos. Examinamos as escalas diatônicas maiores e, no modo menor, especificamos três formas possíveis: natural, harmônica e melódica. Também apresentamos as tonalidades maiores e menores, as armaduras de clave e o ciclo de 5as como base para a sua formação.

Os acordes foram estudados de maneira detalhada. Passamos pelas tríades, tétrades, posições abertas e fechadas, e suas inversões. Estudamos a formação da série harmônica, consonâncias e dissonâncias, e detalhamos como os acordes são formados com base nela. Tratamos, então, da condução de vozes, dos tipos de movimentos possíveis entre elas, sua extensão, os dobramentos e as omissões possíveis na harmonia a quatro vozes.

Em seguida, voltamo-nos para as funções harmônicas. Estudamos graus tonais e modais e explicamos a forma de cifragem dos acordes de três e quatro sons, em estado fundamental e suas inversões. Também passamos por noções de utilização do baixo contínuo, que serviu como base para a cifragem que utilizamos hoje. Apresentamos as principais cadências do sistema tonal e esclarecemos como diferenciar as cadências que são conclusivas daquelas que são progressivas. Comentamos exemplos de progressões harmônicas diversas, introduzindo a análise musical.

Abordamos, então, a importância da função dominante. Evidenciamos como reconhecer dominantes secundárias e a resolução do acorde de 7^a da dominante por notas atrativas. Na sequência, estudamos os acordes que podem exercer a função de dominante como substitutos (acordes subV). Expusemos as peculiaridades do acorde diminuto, a simetria entre seus intervalos e a possibilidade de assumir funções em outras tonalidades apenas pela enarmonia de uma ou mais notas do acorde. Continuamos com a apresentação dos recursos de empréstimo modal, também conhecido como *mistura de modos*, e citamos as possibilidades de utilização de acordes com vários exemplos comentados.

Por fim, tratamos do estudo da modulação. Apresentamos definições de vários autores e demonstramos maneiras diferentes de reconhecer ou de inserir uma modulação em uma progressão harmônica. Discriminamos diversos tipos de modulação, apresentando exemplos comentados e finalizamos com uma breve exposição sobre as principais formas musicais na música erudita e popular.

É preciso deixar claro que abordamos neste livro fundamentos da harmonia tonal, não havendo a pretensão de esgotarmos aqui o assunto. Nosso propósito foi despertar o interesse pela harmonia, pelas relações estabelecidas, pelo entendimento das obras por meio da análise, provocando você, leitor, para uma jornada cada vez mais longa pelos caminhos da música.

Desejamos que essa provocação tenha sido bem-sucedida!

REFERÊNCIAS

ABDOUNUR, O. J. **Matemática e música**: o pensamento analógico na construção de significados. 3. ed. São Paulo: Escrituras, 2003.

ASSIS, C. **Harmonia e análise musical**. Batatais: Claretiano, 2016.

AULETE, F. J. C.; VALENTE, A. L. S. **Dicionário Caldas Aulete digital**. Lexikon Editora Digital. Disponível em: <https://www.aulete.com.br>. Acesso em: 10 ago. 2022.

BACH. J. S. **Es Erhub Sich Ein Streit**: BWV 19. 1726. Coral, orquestra. Disponível em: <en.instr.scorser.com/D/515451.html>. Acesso em: 9 ago. 2022.

BELKIN, A. **Principios Generales de la Armonía**. Tradução de Luis Hernández. Toronto: Edição do Autor, 2008.

BENNETT, R. **Uma breve história da música**. Rio de Janeiro: J. Zahar, 1986.

BOURGEOIS, L. **Old Hundredth**. 1551. Disponível em: <https://www.ccel.org/cceh/0000/000006a.pdf>. Acesso em: 9 ago. 2022.

CAVINI, M.P. **História da música ocidental**: uma breve trajetória desde a pré-história até o século XVII. São Carlos: UAB; UFSCar, 2011. (Coleção História da Música e da Educação Musical). v. 1. Disponível em: <http://livresaber.sead.ufscar.br:8080/jspui/bitstream/123456789/2753/1/EM_Maristela_HistoriaMusica_1.pdf>. Acesso em: 4 ago. 2022.

CHEDIAK, A. **Harmonia e improvisação**. Rio de Janeiro: Lumiar, 1986.

DITTRICH, W.; GONÇALVES, L. **Fundamentos da harmonia**. Batatais: Claretiano, 2015.

DUDEQUE, N. **Harmonia tonal I**. Curitiba, 2003a. Apostila. Disponível em: <https://fdocumentos.tips/reader/full/3966478-harmonia-tonal-i-norton-dudeque>. Acesso em: 9 ago. 2022.

DUDEQUE, N. **Harmonia tonal II**. Curitiba, 2003b. Apostila. Disponível em <https://hugoribeiro.com.br/biblioteca-digital/Dudeque-Harmonia_Tonal-2.pdf>. Acesso em: 9 ago. 2022.

FONTERRADA, M. T. O. **De tramas e fios**: um ensaio sobre música e educação. 2. ed. São Paulo: Ed. da Unesp, 2008.

FORNARI, J. O eterno ciclo das quintas. **Blog de Ciência da Universidade Estadual de Campinas**, 27 mar. 2019. Disponível em <https://www.blogs.unicamp.br/musicologia/2019/03/27/13>. Acesso em: 26 jun. 2022.

GONÇALVES, L. S. **Linguagem musical**: nível intermediário. Batatais: Claretiano, 2019.

GRILLO, M. L. N. et al. **A acústica musical no renascimento da música**. Disponível em: <https://www.13snhct.sbhc.org.br/resources/anais/10/1343049780_ARQUIVO_AACUSTICAMUSICALNORENASCIMENTODAMUSICA.pdf>. Acesso em: 10 ago. 2022.

GROUT, D. J.; PALISCA, C. V. **História da música ocidental**. Tradução de Ana Luísa Faria. 4. ed. Lisboa: Gradiva, 2007.

GUEST, I. **Harmonia**: método prático. Rio de Janeiro: Lumiar, 2006.

HARNONCOURT, N. **O discurso dos sons**: caminhos para uma nova compreensão musical. Rio de Janeiro: J. Zahar, 1988.

HENSCHEL, C. J. Número áureo e progressões geométricas: a matemática na música. **Caderno de Estudos da Universidade Regional de Blumenau**, Fundação Universidade Regional de Blumenau, 2017. Disponível em: <https://educapes.capes.gov.br/handle/capes/570964>. Acesso em: 4 ago. 2022.

HINDEMITH, P. **Curso condensado de harmonia tradicional**. 12. ed. Tradução de Souza Lima. São Paulo: Irmãos Vitale, 1998.

KAHN, C. H. **Pitágoras e os pitagóricos**: uma breve história. São Paulo: Edições Loyola, 2007.

KOELLREUTTER, H. J. **Contraponto modal do século XVI**: Palestrina. Brasília: Musimed, 1996.

KOELLREUTTER, H. J. **Harmonia funcional**: introdução à teoria das funções harmônicas. 2. ed. São Paulo: Ricordi, 1978.

KOENTOPP, M. A. **Métodos de ensino de Harmonia nos cursos de graduação musical**. 180 f. Dissertação (Mestrado em Música) – Universidade Federal do Paraná, Curitiba, 2010. Disponível em: <https://acervodigital.ufpr.br/bitstream/handle/1884/24368/Dissertacao%20Marco%20Koentopp.pdf?sequence=1>. Acesso em: 5 ago. 2022.

KOSTKA, S. M.; PAYNE, D. **Harmonia tonal**. 6. ed. Tradução de Hugo Ribeiro e Jamary Oliveira. Salvador: Ed. da UFBA, 2012.

MARTINEZ, E. **Regência coral**: princípios básicos. Curitiba: Dom Bosco, 2000.

MED, B. **Teoria da música**. 4. ed. Brasília: Musimed, 1996.

MEURER, R. P. Música medieval na escola: uma proposta de apropriação da música antiga. **Música na Educação Básica**, Londrina, v. 7, n. 8, p. 8-21, 2016. Disponível em: <http://www.abemeducacaomusical.com.br/revista_musica/ed7e8/Revista%20Musica%207_Meurer.pdf>. Acesso em: 4 ago. 2022.

MIRANDA, C.; JUSTUS, L. **Formação de plateia em música**. Curitiba: Gráfica Expoente, 2003.

PALESTRINA, G. P. Missa Papae Marcelli: Credo. In: WALL, A. M. **Divers Voyces**. 2017. Disponível em: <https://www.cpdl.org/wiki/images/8/84/Pal-MPapC.pdf>. Acesso em: 5 ago. 2022.

PEREIRA, S. Estudos culturais de música popular: uma breve genealogia. **Exedra**, n. 5, p. 117-133, 2011. Disponível em: <https://repositorio.ucp.pt/bitstream/10400.14/10343/1/10B-Pereira_Ensaio.pdf>. Acesso em: 4 ago. 2022.

PISTON, W. **Harmony**. 5. ed. New York: Norton & Company, 1987.

ROBERTS, D. C.; WARREN, G. W. **God of Our Fathers**: National Hymn. 1876-1892. Disponível em: <https://songsandhymns.org/pdf/sheet_music/god-of-our-fathers.pdf>. Acesso em: 9 ago. 2022.

SCHOENBERG, A. **Harmonia**. Tradução de Marden Maluf. São Paulo: Ed. da Unesp, 1999.

SCHUMANN, R. *Choral*, op. 68, n. 4. In: **Album für die Jugend**. 1848. Disponível em: <https://musescore.com/user/9292486/scores/5223815> Acesso em: 26 jun. 2022.

SILVA, J. G.; BARROS, J. V. Matemática e música: a relação entre ciência e arte – um estudo sobre a série harmônica. **Revista Diálogos**, n. 20, set./out. 2018.

SOUSA, R. A origem das notas musicais. **Brasil Escola**. Disponível em: <https://brasilescola.uol.com.br/curiosidades/a-origem-das-notas-musicais.htm>. Acesso em: 4 ago. 2022.

TORRES, P. **Esboço de história da música**. Curitiba: Edição do autor, 1997. Apostila da Classe de Regência.

TROMBETTA, G. L. Tensão e resolução: a dinâmica sonora e o espírito da modernidade. In: SIMPÓSIO NACIONAL DE HISTÓRIA, 25., 2009, Fortaleza. **Anais**... Disponível em: <https://anpuh.org.br/uploads/anais-simposios/pdf/2019-01/1548772191_d774563522298f2c1cb98710c3586ea9.pdf>. Acesso em: 9 ago. 2022.

VAZ, A. O. A.; PRATES, E. G. C. A influência da Idade Média em nossos dias: cultura, representações e festividades. **Revista Don Domênico**, 8. ed., jun. 2016. Disponível em: <http://faculdadedondomenico.edu.br/revista_don/artigos8edicao/11ed8.pdf>. Acesso em: 4 ago. 2022.

VIEIRA, E. **Diccionário musical**. Lisboa: J. G. Pacini. Lisboa, 1899.

WISNIK, J. M. **O som e o sentido**: uma outra história das músicas. São Paulo: Companhia das Letras, 1989.

BIBLIOGRAFIA COMENTADA

GROUT, D. J.; PALISCA, C. V. **História da música ocidental**. Tradução de Ana Luísa Faria. 4. ed. Lisboa: Gradiva, 2007.

>Os autores traçam um panorama histórico da música ocidental desde a Antiguidade. Narram cada período em riqueza de detalhes, como em nenhuma outra obra do gênero. É um livro indispensável para os estudantes de história da música.

KOELLREUTTER, H. J. **Harmonia funcional**: introdução à teoria das funções harmônicas. 2. ed. São Paulo: Ricordi, 1978.

>Este é um pequeno livro, conciso e muito prático, que reúne um bom número de exercícios tratando dos princípios básicos da teoria das funções harmônicas. É um material de fácil leitura, bastante objetivo, no qual a harmonia funcional é apresentada com simplicidade e clareza. Ao final, são analisadas e comentadas algumas obras tonais.

KOENTOPP, M. A. **Métodos de ensino de harmonia nos cursos de graduação musical**. 180 f. Dissertação (Mestrado em Música) – Universidade Federal do Paraná, Curitiba, 2010. Disponível em: <https://acervodigital.ufpr.br/bitstream/handle/1884/24368/Dissertacao%20Marco%20Koentopp.pdf?sequence=1>. Acesso em: 5 ago. 2022.

> Marco Aurélio Koentopp, em sua dissertação de mestrado, analisa 22 pontos básicos do ensino de harmonia à luz de três obras relevantes na área. São apontadas as concordâncias e discordâncias entre os autores Schoenberg, Piston e Kostka e Payne, o que contribui para que a leitura crítica se desenvolva. Os pontos foram escolhidos à luz do *Tratado de harmonia*, de Rameau, e, segundo o autor da dissertação, são os mais recorrentes no ensino da harmonia.

KOSTKA, S. M.; PAYNE, D. **Harmonia tonal**. 6. ed. Tradução de Hugo Ribeiro e Jamary Oliveira. Salvador: Ed. da UFBA, 2012.

> Este livro foi é escrito em linguagem acessível e trata de princípios norteadores da harmonia tonal, sem se tornar um manual de regras e proibições. As exceções são comentadas e discutidas, e a ênfase do livro está nos aspectos práticos da harmonia. Ao final de cada capítulo, são apresentados exercícios e um resumo do que foi abordado. Trata-se de uma obra de grande valor e que agrega conhecimentos fundamentais para a área.

MED, B. **Teoria da música**. 4. ed. Brasília: Musimed, 1996.

Este trabalho não trata de conteúdos próprios da harmonia, mas é um excelente manual, com todo o conteúdo básico de linguagem musical, cotando com numerosos de exemplos e exercícios. Trata-se, provavelmente, de um dos melhores livros da área escritos em língua portuguesa.

RESPOSTAS

Capítulo 1
Atividades de autoavaliação

1. a
2. c
3. b
4. b
5. e

Atividades de aprendizagem

Questões para reflexão

1. Os humanistas do século XIV trataram esse período com profundo desprezo, considerando-o uma época de atraso, declínio, pestes, fanatismo religioso e guerras. A cultura e a ciência, controladas pela Igreja, pouco teriam se desenvolvido, pois, ao apontar a fé como único caminho a ser seguido, a Igreja teria limitado os avanços técnicos e científicos.
2. A autora descreve que se trata de um contraponto, desenvolvendo-se em arcos que caminham em direção a um destino, sem preocupação com as relações harmônicas no decorrer desses arcos; nele, há muitas dissonâncias entre o ponto inicial e o ponto final de cada arco, semelhantemente à arquitetura gótica, que se constrói continuamente.

3. O baixo contínuo cifrado contribuiu muito, pois enfatizava a sucessão dos acordes, apresentando-os em uma notação à parte das linhas melódicas, abrindo um caminho do contraponto para a homofonia.
4. Entre as semelhanças estão: tanto o baixo cifrado quanto o sistema de cifras populares servem para oferecer ao intérprete uma informação suficiente para que a música seja "improvisada", mas dentro de certos limites estabelecidos pela cifragem; ambos são facilitadores do processo de notação, e as cifras podem representar uma grande ajuda na realização de uma análise harmônica.

Entre os contrastes, citamos que o sistema do baixo cifrado consistia em uma linha de baixo com números e símbolos indicando acordes que seriam formados acima dela, ao passo que as cifras na música popular aparecem sobre uma linha melódica indicando acordes que devem ser construídos abaixo dela.

Atividades aplicadas: prática

1. A resposta deve apontar as corretas cifras populares para os acordes dados da seguinte forma:

   a) Em7M   b) F   c) Cmdim7/E ou Cm°7/E   d) Gm/D

Capítulo 2
Atividades de autoavaliação

1. a
2. b
3. e

4. d
5. b

Atividades de aprendizagem

Questões para reflexão

1. A escala menor natural, por não apresentar sensível, não tem o poder de atração para a tônica da escala, que é o I grau, e tem, no sistema tonal, uma importância maior do que os demais graus. Na escala menor natural, não há sensível, porque o VII grau está distante da tônica por um intervalo de tom e, nesse caso, é chamado de *subtônica*.
2. Os intervalos formados com a tônica e os graus modais, que serão sempre diferentes entre escalas do modo maior e modo menor: I – III, I – VI e I – VII.

Atividades aplicadas: prática

1. A resposta deve contemplar a escrita dos intervalos solicitados da seguinte forma:

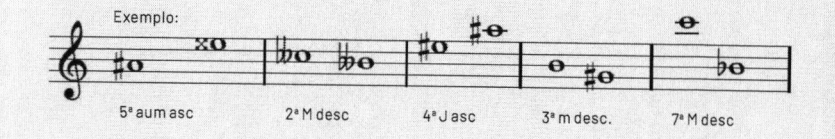

5ª aum asc   2ª M desc   4ª J asc   3ª m desc.   7ª M desc

2. As escalas escritas devem necessariamente ter armadura de clave e alterações ocorrentes (quando for o caso). Escalas escritas sem armadura de clave não podem ser consideradas corretas (a menos que sejam as escalas de Dó Maior ou Lá menor, que não têm acidentes na armadura).

Mi bemol menor harmônica

Sol sustenido menor melódica

Si bemol Maior

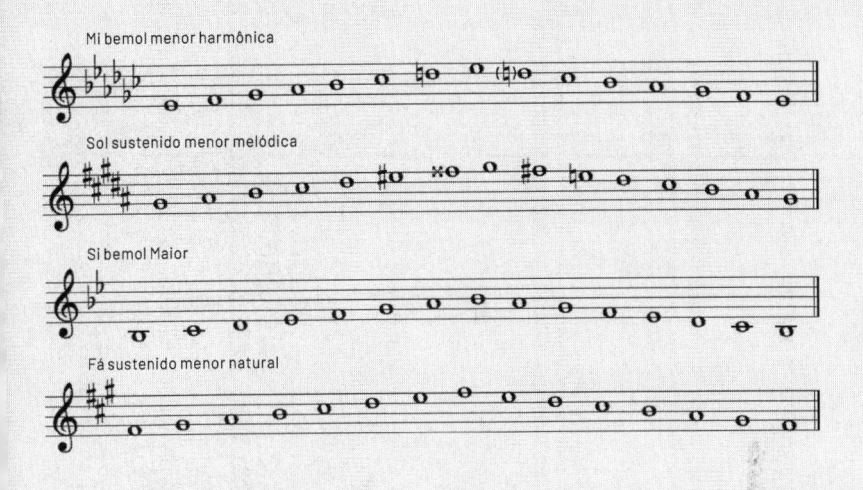

Fá sustenido menor natural

3. As informações constantes no quadro são suficientes para seu preenchimento completo. Com base na escala (maior ou menor), é possível encontrar a escala relativa, e o número de alterações também determina a escala (maior ou menor).

Escala maior	Escala menor	Alterações
Mi Maior	**Dó# menor**	**4 sustenidos**
Ré bemol Maior	Si bemol menor	**5 bemóis**
Si Maior	**Sol# menor**	5 sustenidos
Si bemol Maior	Sol menor	2 bemóis
Dó bemol Maior	**Lá bemol menor**	7 bemóis

Capítulo 3
Atividades de autoavaliação

1. c
2. c
3. a

4. e
5. b

Atividades de aprendizagem

Questões para reflexão

1. Dissonâncias condicionais são: aquelas formadas por intervalos aumentados ou diminutos, que podem ser reescritos como consonantes por meio de enarmonia. Por exemplo: Dó – Fá bemol (4ª diminuta) pode ser reescrito como Dó – Mi (3ª maior).
2. A harmonia vocal torna mais fácil a percepção do movimento melódico das vozes, e as extensões de cada voz bem-definidas são facilitadoras para a escrita.
3. Preferencialmente, dobramos a fundamental do acorde. Como segunda opção, a 5ª do acorde pode ser dobrada e, somente em último caso, devemos dobrar a 3ª do acorde.

Atividades aplicadas: prática

1. No caso da última tríade (5aum), não há necessidade de alteração adicional, pois as duas 3ᵃˢ maiores já correspondem à tríade de 5ª aum.

2.

a) PM — 1ª inversão — 2ª inversão

b) 5dim — 1ª inversão — 2ª inversão

Capítulo 4
Atividades de autoavaliação

1. b
2. e
3. d
4. c
5. a

Atividades de aprendizagem

Questões para reflexão

1.
- Cifragem: I – IV – V^7 – vi – IV – I
- Cadências: V^7 – vi (cadência de engano) e IV – I (cadência plagal)

2. Existem diversas possibilidades de encadeamentos utilizando essa progressão solicitada no comando da questão. A seguir, indicamos uma possibilidade de resposta:

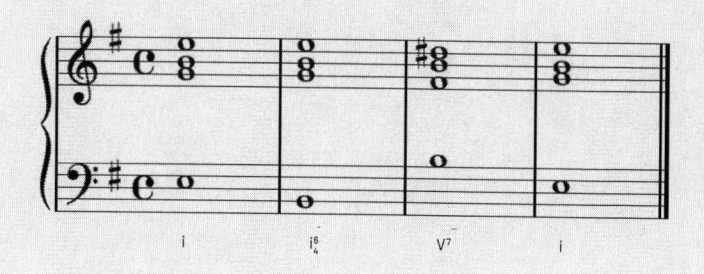

i i_4^6 V^7 i

3.
   a) IV – I (Cadência plagal)
   b) V^7 – I (Cadência autêntica imperfeita)
   c) V^7 – VI (Cadência de engano)
   d) V^7 – I (Cadência autêntica perfeita)

Atividades aplicadas: prática

1. Há os seguintes erros nos encadeamentos:

   - Do primeiro para o segundo compasso, todas as vozes movem-se em movimento paralelo, ocorrendo, inclusive, uníssono entre o baixo e soprano.
   - Do segundo para o terceiro compasso, ocorre no contralto um salto de 9ª. O soprano apresenta uma nota muito aguda, fora da extensão indicada para vozes corais.
   - No terceiro compasso, há um acorde na 1ª inversão. O dobramento da 3ª deve ser evitado.

- Do terceiro para o quarto compasso, o soprano e o tenor se movimentam por um salto de 7ª em movimento paralelo.
- No segundo compasso, há um acorde de subdominante. O acorde é maior; logo, a cifragem deve ser em algarismos maiúsculos (IV).
- No terceiro compasso, há um acorde de dominante na 1ª inversão, e não ocorre a presença da 7ª. Logo, a cifragem deverá ser V^6.

2.

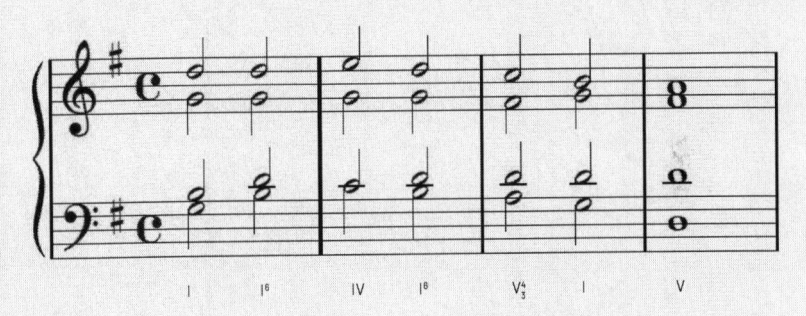

I   I^6 IV   I^6 V$^4_3$ I   V

Capítulo 5
Atividades de autoavaliação

1. d
2. e
3. c
4. a
5. b

Atividades de aprendizagem

Questões para reflexão

1. O acorde de 7ª diminuta é assim chamado porque tem uma simetria em seus intervalos. Em sua formação, no estado fundamental, ele tem três 3as menores.

2. Sendo quatro as opções de escrita para cada acorde, existe a possibilidade de resolução para a tônica de oito tonalidades diferentes (quatro maiores e quatro menores). Sendo três acordes distintos, são contempladas as 24 tonalidades possíveis.
3. Empréstimo modal é a utilização de elementos do modo maior em uma música em modo menor, ou elementos do modo menor em músicas em modo maior. Alguns autores utilizam a expressão *mistura de modos* com o mesmo significado.

Atividades aplicadas: prática

1.

- Compasso 1 – Em Fá Maior, IV grau = Sib; 5ªJ acima de Sib = Fá; tríade maior com 7ª menor sobre Fá = Fá – Lá – Dó – Mib.
- Compasso 2 – Em Ré Maior, ii grau = Mi; 5ªJ acima de Mi = Si; tríade maior sobre Si = Si – Ré# – Fá#.
- Compasso 3 – Em Sib Maior, vi grau = Sol; 5ªJ acima de Sol = Ré; tríade maior com 7ª menor sobre Ré = Ré – Fá# – Lá – Dó.

Exemplo de resposta:

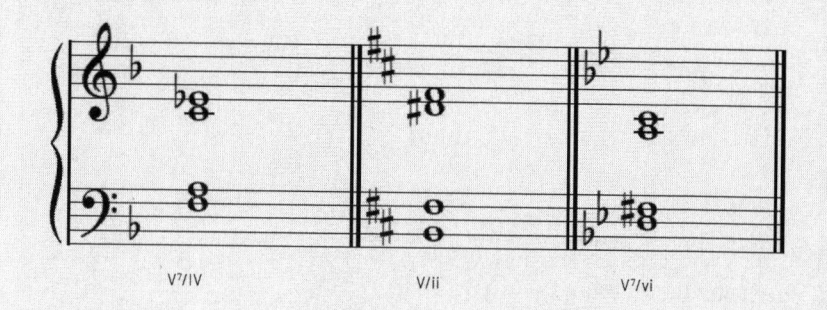

V⁷/IV   V/ii   V⁷/vi

2.
- Em "a", há um acorde de Mi Maior, que é a dominante de Lá; logo, este acorde está tonicizando o acorde de dominante (Lá Maior), sendo, portanto, a dominante da dominante (V grau).
- Em "b", há um acorde de Lá Maior, que é a dominante de Ré; logo, esse acorde está tonicizando o acorde de Ré menor, sendo, portanto, a dominante individual do iii grau.

Capítulo 6
Atividades de autoavaliação

1. d
2. a
3. d
4. d
5. b

Atividades de aprendizagem

Questões para reflexão

1. Em tonalidades homônimas, não ocorre modulação, porque não há mudança de tônica, razão pela qual não acontece modulação no movimento de Mi Maior para Mi menor. Quanto às tonalidades de Lá# Maior e Sib Maior, são tonalidades enarmônicas, entre as quais também não há modulação.
2. Utilizar o V (ou o vii) grau como um acorde comum não é uma escolha que resulte muito bem-sucedida. A modulação soa abrupta, e convém incluir alguns acordes intermediários para suavizar a modulação.

Atividades aplicadas: prática

1. A tonalidade de Mi Maior é a inicial e Ré Maior é a final. Na cifragem, o acorde comum (tríade de Lá Maior) deve ser destacado como o IV grau da tonalidade inicial, e V grau da segunda tonalidade.

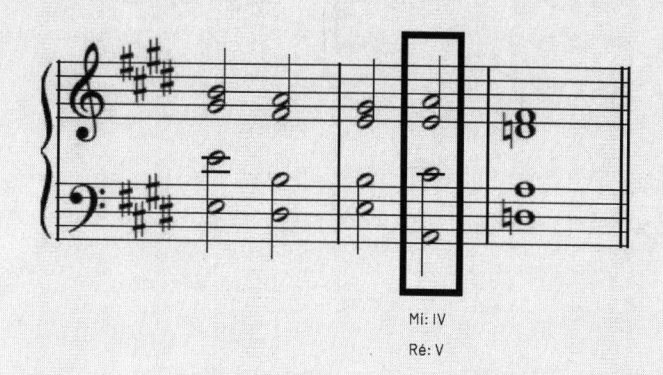

Mi: IV
Ré: V

2. Deve ser construída uma progressão harmônica com modulação para tonalidades vizinhas (tom da subdominante, da dominante ou de seus relativos). O acorde comum não deve ser alterado, mas ser comum às duas tonalidades.
3. Considerando que o acorde comum é o VI grau da tonalidade inicial e o II grau da nova tonalidade, basta encontrar o VI grau em Sib Maior (Sol menor). Sabendo que esse acorde é o II grau da nova tonalidade, a resposta é Fá Maior.

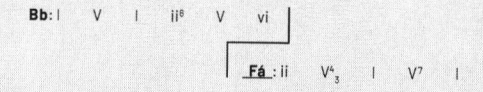

Bb: I   V   I   ii^6 V   vi
Fá: ii   V$^4_3$ I   V^7 I

SOBRE A AUTORA

Lílian Sobreira Gonçalves é licenciada em Educação Artística – habilitação em Música (1990) pela Universidade Federal do Paraná (UFPR). Tem especialização em Educação Musical – Coral (2001) e em Música – Regência Coral (2008) pela Escola de Música e Belas Artes do Paraná (Embap). Dedica-se à pedagogia musical desde 1989. Atua como regente de coral desde 1995. De 2006 a 2012, atuou como professora de Percepção Musical e Técnica Vocal dos cursos de graduação da Embap. Como aluna do Programa de Pós-Graduação em Música da UFPR, obteve o título de Mestre em Música (2013) na área de Educação Musical e Cognição, sob orientação da Profª Drª Rosane Cardoso de Araújo. Em 2014, começou a atuar em cursos de licenciatura em Música no formato Educação a Distância e, a partir de 2015, começou a produzir material pedagógico para disciplinas regulares e cursos de extensão em música. Em 2015, atuou como professora da 1ª turma do Plano Nacional de Formação de Professores da Educação Básica (Parfor) – Música na UFPR e produziu o material didático para a disciplina Regência Aplicada a Educação Musical. Em 2018, concluiu a especialização em Educação a Distância – Planejamento, Gestão e Implantação. De sua autoria são os livros: *Percepção, notação e linguagem musical* (2015), *Saúde vocal em regentes de corais amadores* (2015), *Linguagem musical: nível básico* (2016) e *Linguagem musical: nível intermediário* (2018). É coautora do livro

Fundamentos de harmonia (2015). Produziu questões objetivas e dissertativas de Música para o Exame Nacional de Desempenho dos Estudantes (Enade), em 2017 e 2020. Atualmente, integra o Banco de Avaliadores (BASis) do Sistema Nacional de Avaliação da Educação Superior (Sinaes) e é doutoranda do Programa de Pós-graduação em Distúrbios da Comunicação (PPGDIC) da Universidade Tuiuti do Paraná.

Impressão
Dezembro/2022